权威·前沿·原创

皮书系列为
"十二五""十三五""十四五"时期国家重点出版物出版专项规划项目

智库成果出版与传播平台

健康保险蓝皮书

BLUE BOOK OF HEALTH INSURANCE

中国健康保险发展报告（2022）

ANNUAL REPORT ON HEALTH INSURANCE OF CHINA (2022)

主编 / 阎建军　于　莹

社会科学文献出版社
SOCIAL SCIENCES ACADEMIC PRESS (CHINA)

图书在版编目(CIP)数据

中国健康保险发展报告.2022/阎建军，于莹主编.--北京：社会科学文献出版社，2022.11
（健康保险蓝皮书）
ISBN 978-7-5228-1102-4

Ⅰ.①中… Ⅱ.①阎… ②于… Ⅲ.①健康保险-研究报告-中国-2022 Ⅳ.①F842.62

中国版本图书馆CIP数据核字（2022）第215590号

健康保险蓝皮书
中国健康保险发展报告（2022）

主　　编 / 阎建军　于　莹

出 版 人 / 王利民
组稿编辑 / 任文武
责任编辑 / 刘如东　王玉霞
责任印制 / 王京美

出　　版 / 社会科学文献出版社·城市和绿色发展分社（010）59367143
　　　　　 地址：北京市北三环中路甲29号院华龙大厦　邮编：100029
　　　　　 网址：www.ssap.com.cn

发　　行 / 社会科学文献出版社（010）59367028
印　　装 / 三河市东方印刷有限公司

规　　格 / 开　本：787mm×1092mm　1/16
　　　　　 印　张：15.25　字　数：197千字
版　　次 / 2022年11月第1版　2022年11月第1次印刷
书　　号 / ISBN 978-7-5228-1102-4
定　　价 / 128.00元

读者服务电话：4008918866

版权所有 翻印必究

《中国健康保险发展报告（2022）》
编委会

主　　编	阎建军　于　莹
副 主 编	钱芝网　邵晓军　万广圣　武晓明
评审专家	陈海涛　何　苗　董向兵
编　　委	陈国锋　施敏盈　李　峥　王明彦　冯　华
	胡盛峰　施毓凤　丁　莹　孙啸辰　陆　静
	郭炜钦　马晓娟　李昕禾　濮桂萍　蒋伊石
	陈　楠　万小龙　汤培培　熊笛颖　刘　畅
	潘佳奇

主编简介

阎建军 中国社会科学院国家金融与发展实验室保险与发展研究中心主任,中国社会科学院保险与经济发展研究中心副主任,中国社会科学院金融研究所创新工程执行研究员,中国保险学会理事。研究领域主要包括健康保险、医药卫生体制改革、健康经济学、多层次医疗保障体系建设、医疗责任保险等。发表论文百余篇,主持各类课题20余项,3次荣获中国社会科学院"优秀对策成果奖"。主要专著有《强制私营健康保险:双目标逻辑》(2013年)、《医药卫生体制改革与上海健康保险交易所设立构想》(2015年)。

于 莹 上海健康医学院党委副书记,研究员,兼任中华医学会医学伦理学分会教育学组副组长、上海医学伦理学会副会长、中国卫生信息与健康医疗大数据学会智能医疗健康专委会副主任委员。主要研究方向为慢病康复与健康促进、卫生经济与健康保险。获全国医学伦理学和生命伦理学优秀著作奖、中国医院协会医院文化专业委员会创新项目奖、上海市浦东新区科学技术三等奖等奖项。主持上海市科委重大项目、上海市教育科学项目、上海市卫健委和中国医院协会专委会等科研项目及横向课题16项。发表核心以上学术论文30余篇,SCI、EI收录10余篇,主编主译专著8部。

前 言

国务院办公厅发布《"十四五"全民医疗保障规划》，从三方面推动了健康保险业的发展：一是鼓励产品创新，更加注重发挥商业医疗保险作用，引导商业保险机构创新完善保障内容，提高保障水平和服务能力；二是完善支持政策，支持商业保险机构开发与基本医疗保险相衔接的商业健康保险产品，更好地覆盖基本医保不予支付的费用；三是加强监督管理，规范商业保险机构承办大病保险业务，建立并完善参与基本医疗保险经办的商业保险机构绩效评价机制。在市场经济环境下，健康保险业对于医疗保障体系和医疗服务体系的重要性日益凸显，但是，业界和理论界对其发展规律仍然存在许多模糊的甚至似是而非的认识，有必要持续关注和深入研究。

"健康保险蓝皮书"是国家金融与发展实验室和上海健康医学院合作编写的系列性研究报告，致力于对中国健康保险业发展面临的长期性、根本性、前沿性问题的研究，汇聚政产学研力量，走理论与实践相结合、国际视野与国内实际相结合之路，为主管部门提供政策储备，为健康产业链中的相关机构提供经营参考。其创新之处表现为以下两点。

一是分析框架有所创新。报告分为四部分，第一部分是总报告，对2021年中国健康保险业总体发展情况进行了回顾和展望。第二部分立足于市场现状，从产品和服务等角度对2021年中国健康保险市场情况进行概括和分析，可以称之为市场篇。第三部分立足于未来发展，致力于对我国健康保险业未来发展产生深远影响的医药卫生体制改革试点进行持续跟踪和分析评价，可以称之为制度创新篇。近年来，国家金融与发展实验室和上海健康医学院参与了一系列医改试点，包括基层医疗服务体系改革、DRG支付方式改革、普惠型补充医疗保险改革等，既对"健康中国"战略的落地有积极意义，又推动健康保险功能创新，打开了健康保险业未来发展空间，有必要对其进行持续跟踪和评价。第四部分是国际借鉴篇，为健康保险助力中国式现代化和促进共同富裕提供启示。

二是研究视角有所创新。国内外大多数研究报告把"健康保险业（health insurance industry）"和"商业健康保险"混为一谈，我们对二者加以明确区分，因为健康保险业的业务包括三部分：一是基于民商法、自愿原则和营利性原则，经营商业健康保险业务；二是基于强制原则、保本微利甚至非营利原则，经营公私合作（PPP）业务，比如我国保险业经营的大病保险、城乡居民基本医疗保险和城镇职工基本医疗保险经办业务；三是基于自愿原则和公益性（或准公益性）原则，经营普惠型补充医疗保险业务。鉴于研究对象的复杂性，研究视角需要相应改变，单纯基于自愿原则的健康保险市场供需分析视角需要加以拓展。

基于自愿原则和保险合同，2019年新修订的《健康保险管理办法》把健康保险界定为"由保险公司对被保险人因健康原因或者医疗行为的发生给付保险金的保险，主要包括医疗保险、疾病保险、失能收入损失保险、护理保险以及医疗意外保险等"。在本报告中，为了符合国内外健康保险业发展实际，健康保险的内涵除了包括上述内容之外，还包括由保险公司经营的基于公私合作制的基本医疗保险和大病保险，以及基于公益性（或准公益性）原则的普惠型补充医疗保险。

前 言

本报告是集体研究成果,作者团队来自国家智库、上海健康医学院、保险业、医药行业和社保研究机构等多个领域,阎建军和于莹对报告全文进行统编、修改和定稿。作者团队成员还包括邵晓军、钱芝网、万广圣、武晓明、施敏盈、李峥、王明彦、冯华、胡盛峰、施毓凤、丁莹、孙啸辰、陆静、郭炜钦、李昕禾、濮桂萍、蒋伊石、陈楠、马晓娟、万小龙、汤培培、熊笛颖、刘畅、潘佳奇。

本报告得到国家金融与发展实验室李扬理事长的亲自指导和大力支持,上海健康医学院吴韬校长给予了多方面的支持,业内诸多专家为本书的撰写提供了评审意见和多方面的帮助,谨致谢忱,但文责由作者自负。

期盼着各种批评建议,也希望我们的成果能够为我国发展健康保险业和深化医药卫生体制改革提供些许智力贡献。

编 者

2022 年 9 月 5 日

摘　要

《中国健康保险发展报告（2022）》是"健康保险蓝皮书"的年度系列报告，包括总报告、市场篇、制度创新篇和国际借鉴篇四个部分。

总报告对2021年中国保险业健康险总体发展情况进行了回顾与展望。健康险发展面临转型压力，虽然保费收入仍然实现了正增长，但增速明显放缓。长期健康险仍然保持了主导地位，但重疾险新单保费出现大幅下降。惠民保加速扩展，对传统产品产生明显替代效应。跨产业资源整合提速，健康管理品牌化趋势更为明显。预计2022年健康险保费将低速增长。长期来看，政策红利仍将释放，需求端仍存在较大空间。

市场篇包括四个专题报告。《2021~2022年健康险产品演进分析》指出，2021年以来，商业健康险产品结构基本稳定，重疾险、医疗险、护理险的相对关系未出现大的改变。但不可忽视的是，重疾险的新单销售量相对之前大幅下降，新客户获取极为困难。惠民保延续着越发高涨的发展态势，而百万医疗保险进入了存量客户经营的阶段。先进医疗聚合产品因其包含的特药、特械、先进疗法等多种医疗资源表现出了旺盛的生命力。长期护理保险、慢病人群保险、老年人群保险、消费型医疗保险仍处于发展的起步阶段。

《保险业健康管理服务应用调查报告》指出，保险公司无论是从内部发展驱动，还是从外部顾客需求和市场竞争需要，均重视健康管

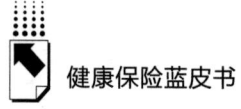

理服务。在现阶段健康管理产业支撑力不足、寿险公司初涉健康管理领域经验不足的情况下，健康管理服务的筛选、提供、融合和健康服务平台的建设仍是保险业面临的发展挑战。

《参保人健康管理服务需求调查报告》从需求侧角度探究参保人对保险公司健康管理服务需求问题。调查发现，参保人对健康保险的复合价值功能要求逐步凸显；现阶段商业健康保险参保人以健康人群为主，对健康管理服务需求多集中在健康监测服务上；保险公司需要进一步优化提供服务项目及质量，提升参保人对健康管理服务的满意度。构建服务平台，推广数字化健康管理，有望能高效推动健康保险与健康管理的融合。

《保险交易所服务城市定制型商业医疗保险发展》是对上海保险交易所的案例研究，通过发挥行业基础设施中立、权威、独立的优势，上海保险交易所整合推出"政府指导+市场运作+平台服务"模式，推动城市定制型商业医疗保险涉及的政府、参保人、保险公司等主体的多赢。

制度创新篇围绕惠民保和普惠型补充医疗保险制度创新展开，包括三个专题报告。

《"惠民保"模式向何处去》指出，"惠民保"是新涌现出的经济现象，模式多样，从2021年7月初至2022年6月底，各类模式呈现不同的发展态势，有些模式走向衰落，有些模式走上可持续发展之路。普惠性程度较高的两种惠民保模式已成为主流，其中，政府推动型模式的参保率比医保部门推动型模式的参保率高出约45个百分点，"政府推动、商保承办、公益化运行"的制度新形态脱颖而出，实现了市场机制、行政机制与公益化机制的深度融合，是推进实现共同富裕的重大制度创新。

普惠性程度较高的两种惠民保模式已成为主流，涌现出了"保险+公益""保险+准公益"等新业态，从学理层面，可以统一称之为普惠型补充医疗保险。《普惠型补充医疗保险制度改革案例》剖析了普惠型补充医疗保险制度改革典型案例，包括筹资及参保、赔付支出、运营费用和成效等，希望有助于这一制度的复制推广。

《惠民保可持续发展研究》通过深入调研惠民保发展模式、产品设计、参保现状、理赔现状，考察各方考量、隐藏风险和潜在价值，提出从筹资、支付和数据共享三方面促进惠民保的可持续发展：一是通过完善定价、改进服务、主管部门支持开放职工基本医保个人账户、提升消费者风险保障意识等方面提升健康人群参保率；二是科学划定保障范围，创新支付方式；三是实现数据共享，提升运营效率。

国际借鉴篇《商业健康保险促进德国第二健康市场发展经验和启示》指出，为满足不同特征的人群需求，开发基于个性化健康服务的保险产品是未来商业健康保险的重要发展趋势。德国第二健康市场的经验表明，基于被保险人个性化要求的健康服务项目，需要商业健康保险作为支付方，商保清单对相应的健康服务范围加以规范，与基本医疗保险目录有效衔接。

关键词： 健康保险　医疗保障　普惠保险　惠民保　保险公司

目 录

Ⅰ 总报告

B.1 2021年中国健康保险业发展报告
……………………… 于 莹 阎建军 钱芝网 武晓明 / 001
  一 2021年总体情况 ………………………………… / 002
  二 2021年健康险市场发展呈现四大特征 ………… / 007
  三 健康险发展存在的挑战和问题 ………………… / 011
  四 健康险仍处于发展机遇期 ……………………… / 013

Ⅱ 市场篇

B.2 2021~2022年健康险产品演进分析
…………… 王明彦 丁 莹 孙啸辰 陆 静 郭炜钦 / 017
  前 言 ………………………………………………… / 018
  一 重疾险2021~2022年的演进趋势 ……………… / 020

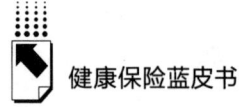

　　二　医疗险2021~2022年演进趋势 …………………………… / 028

　　三　2021~2022年长护险和失能险演进趋势 ………………… / 036

　　四　健康险细分市场2021~2022年演进趋势 ………………… / 038

　　总　结 ……………………………………………………………… / 044

B.3 保险业健康管理服务应用调查报告

　　……………………李　峥　万广圣　李昕禾　施毓凤　濮桂萍 / 046

　　一　调查目的 ……………………………………………………… / 048

　　二　调查对象 ……………………………………………………… / 048

　　三　调查结果 ……………………………………………………… / 049

　　四　调查结论 ……………………………………………………… / 060

B.4 参保人健康管理服务需求调查报告

　　……………………万广圣　冯　华　胡盛峰　濮桂萍　李　峥 / 063

　　一　调查目的 ……………………………………………………… / 064

　　二　调研对象与样本描述统计 …………………………………… / 065

　　三　调查结果 ……………………………………………………… / 067

　　四　调查结论 ……………………………………………………… / 075

　　五　发展建议：引入数字化健康管理 …………………………… / 077

B.5 保险交易所服务城市定制型商业医疗保险发展

　　………………………………中保科联技术有限责任公司课题组 / 081

　　一　上海保险交易所服务城市定制型商业医疗

　　　　保险实践 …………………………………………………… / 082

　　二　上海保险交易所"政府指导+市场运作+

　　　　平台服务"模式解析 ……………………………………… / 087

　　三　展望未来普惠健康保险交易发展之路 ……………………… / 089

目录

Ⅲ 制度创新篇

B.6 "惠民保"模式向何处去 …… 阎建军　万广圣　陈　楠 / 092

  一　"惠民保"模式兴衰 ………………………………… / 093

  二　探索可持续发展之路 ……………………………… / 096

  三　制度定位与优化 …………………………………… / 102

B.7 普惠型补充医疗保险制度改革案例

  ………………………… 阎建军　施毓凤　施敏盈 / 105

  一　衢州市"惠衢保"案例 …………………………… / 106

  二　绍兴市"越惠保"案例 …………………………… / 111

  三　珠海市"大爱无疆"案例 ………………………… / 121

B.8 惠民保可持续发展研究

  ………… 万小龙　汤培培　熊笛颖　刘　畅　潘佳奇 / 126

  前　言 …………………………………………………… / 126

  一　惠民导向，政商融合共建 ………………………… / 128

  二　洞察赔付，定位风险，锚定可持续发展难题 …… / 146

  三　把握关键，围绕筹资与支付破局可持续发展

    难题 …………………………………………………… / 155

  四　供给侧持续改革，多方创新融合共筑行业

    基建 …………………………………………………… / 166

  结束语 …………………………………………………… / 184

Ⅳ 国际借鉴篇

B.9 商业健康保险促进德国第二健康市场发展经验和启示
　　………………………………… 邵晓军　蒋伊石 / 186
　　一　德国健康市场概况 ……………………………… / 188
　　二　德国第二健康市场发展状况 …………………… / 192
　　三　涵盖个人健康服务（IGeL）的商业健康
　　　　保险产品 …………………………………………… / 202
　　四　发展商业健康保险促进个性化健康服务
　　　　的建议 ……………………………………………… / 204

Abstract ………………………………………………………… / 209
Contents ………………………………………………………… / 213

总 报 告
General Report

B.1
2021年中国健康保险业发展报告

于莹 阎建军 钱芝网 武晓明*

摘　要： 2021年，中国保险业健康险发展面临转型压力，虽然保费收入仍然实现了正增长，但增速明显放缓。长期健康险仍然保持了主导地位，但重疾险新单保费出现大幅下降。惠民保加速扩展，对传统产品产生了明显的替代效应。跨产业资源整合提速，健康管理品牌化趋势更为明显。预计2022年健康险保费将低速增长。长期来看，政策红利仍将释放，需求端仍存在较大空间。

---

* 于莹，上海健康医学院党委副书记，研究员，研究方向为社会医学和卫生事业管理、卫生经济学、医学伦理学等；阎建军，中国社会科学院金融研究所创新工程执行研究员，国家金融与发展实验室保险与发展研究中心主任；钱芝网，上海健康医学院规划处处长，教授，研究方向为健康经济与健康产业规划；武晓明，中邮人寿保险股份有限公司战略部副总经理。

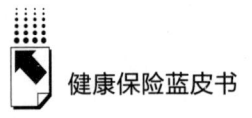

健康保险蓝皮书

关键词： 健康保险　普惠保险　医疗保险　保险公司

一　2021年总体情况

（一）健康险保费持续增长，但增速明显放缓

2021年，中国保险业原保费收入（以下简称"保费收入"）达44900.17亿元，健康保险保费收入8447.02亿元。

2021年，中国保险业保费收入同比下降了0.79%。在业务结构层面，寿险保费收入同比下降了1.71%，近5年来，第二次落入负增长区间；财产险保费收入同比下降了2.16%，近20年来，首次落入负增长区间；健康险保费收入同比增长了3.36%，增速明显放缓（见图1）。

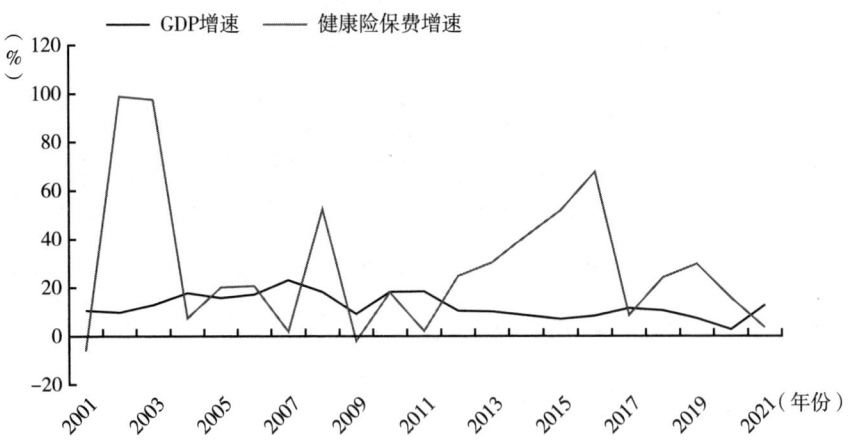

图1　2001~2021年我国GDP及健康险保费增速

资料来源：WIND数据库、中国银行保险监督管理委员会网站。

（二）健康险保费在保险业总保费中的占比持续提升

2021年，在保险业总保费中，寿险保费收入占比达52.50%，健康险保费收入占比达18.81%，财产险保费收入占比达25.99%（见图2）。

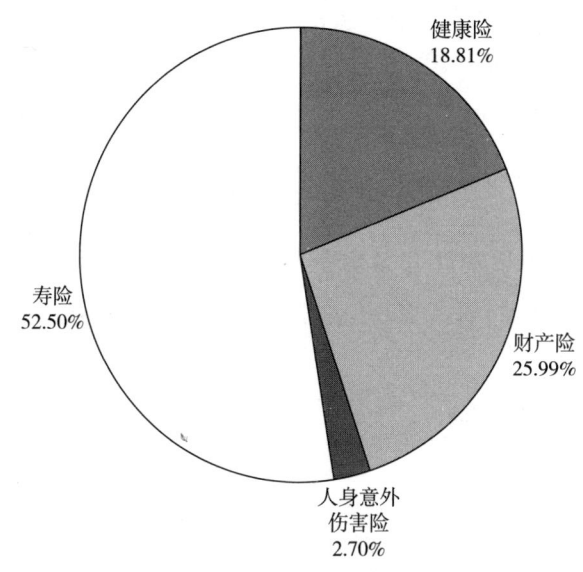

图2　2021年保险业保费收入结构

资料来源：WIND数据库、中国银行保险监督管理委员会网站。

五年来，健康险保费在保险业总保费中的占比呈持续提升趋势。2021年，健康险保费收入在保险业总保费中的占比同比提高了0.75个百分点，对保险业的业务贡献日益突出（见图3）。

（三）健康险赔付支出增速最快

2021年，保险业原保险赔付支出1.56万亿元，同比增长12.24%；其中，健康险赔付支出0.40万亿元，同比增长37.93%；财产险赔付支出0.77万亿元，同比增长10.54%；寿险赔付支出

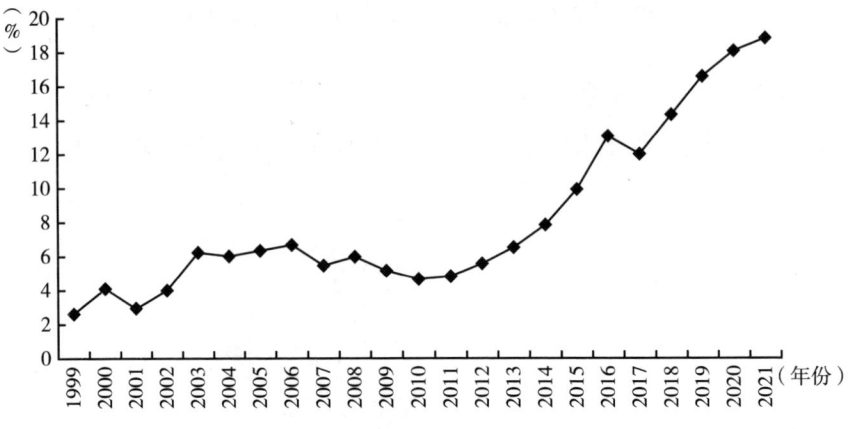

图 3 1999～2021 年健康险保费在保险业总保费中的占比

资料来源：根据中国银行保险监督管理委员会网站数据整理。

0.35万亿元，同比下降4.71%；意外险赔付支出0.04万亿元，同比增长11.39%。

（四）健康保险赔付支出占卫生总费用比例持续上升

2021年，健康保险赔付支出在卫生总费用中的占比达到5.33%，同比提高了1.28个百分点，延续了近十年来的上升态势（见图4），但与美国和德国等健康保险发达市场相比，中国保险业健康保险赔付支出在卫生总费用中的占比仍有较大提升空间。

（五）健康保险深度略降，健康保险密度保持增长

2021年健康保险深度为0.74%，出现了下降，直接的原因是当年健康保险保费增速低于GDP增速。2011～2021年，健康保险深度总体呈上升趋势，这一趋势是否逆转，仍有待观察（见图5）。2021年健康保险密度达597.98元/人，仍然延续了2011年以来的人均健康保险消费支出增长态势（见图6）。

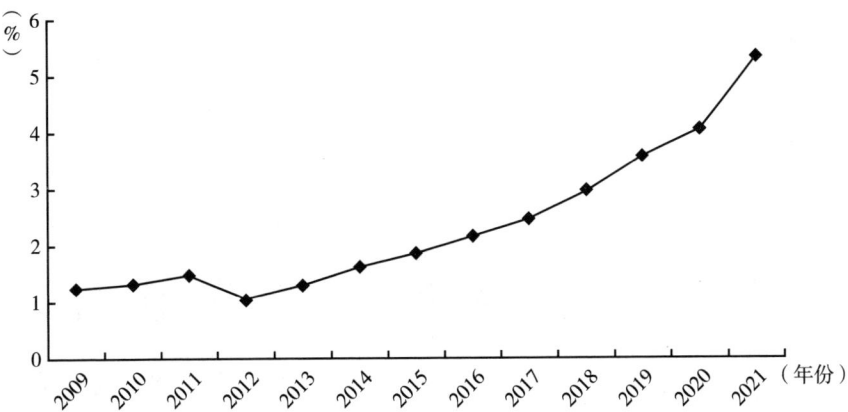

图 4　2009~2021 年中国健康保险赔付支出在卫生总费用中的占比

资料来源：中国银行保险监督管理委员会网站、《2021 年我国卫生健康事业发展统计公报》。

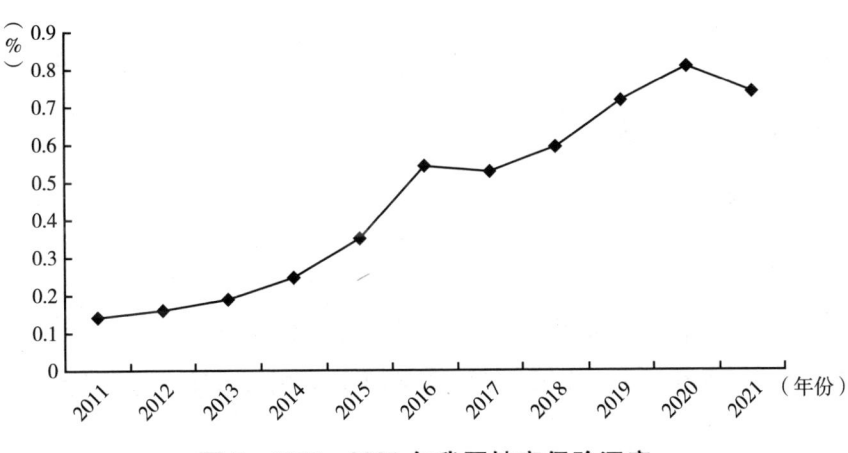

图 5　2011~2021 年我国健康保险深度

资料来源：WIND 数据库、中国银行保险监督管理委员会网站。

（六）保费收入前十大区域市场领先趋势明显

从区域市场看，2021 年，健康险保费收入前三大区域市场依次

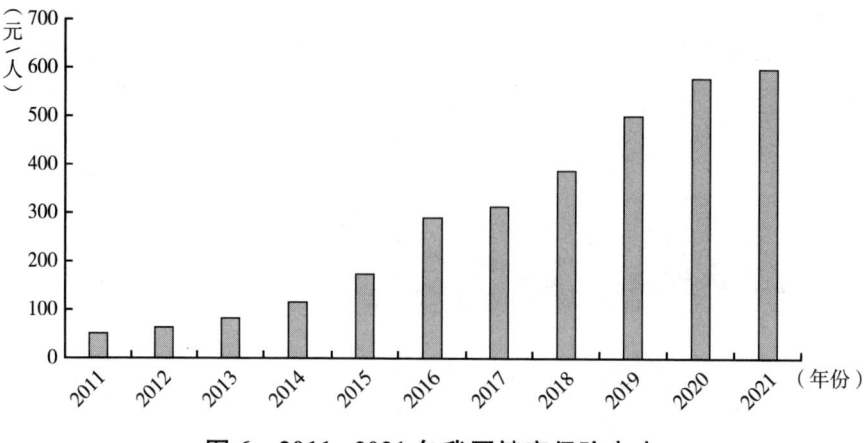

图6 2011~2021年我国健康保险密度

资料来源：WIND数据库、中国银行保险监督管理委员会网站。

是广东（不含深圳）、江苏、山东（不含青岛），这三个区域市场的健康险保费收入都超过了600亿元。包括北京、河南、四川、浙江（不含宁波）、湖北、深圳与河北在内，前十大区域市场保费在全国健康险总保费中占比达到了57.34%。

（七）制度建设

2021年，国家出台了多项政策，支持保险业发展：一是支持商业健康保险与国家基本医疗保障协同发展、有效衔接；二是完善监管政策，规范业务发展。2021年我国健康保险相关政策如表1所示。

表1 2021年我国健康保险相关政策

政策分类	政策文件	关于商业健康保险的内容
完善多层次医疗保障体系	2021年9月，《"十四五"全民医疗保障规划》正式发布	提出了商业健康保险发展的指导意见
	2021年11月，国办印发《关于健全重特大疾病医疗保险和救助制度的意见》	聚焦减轻重大疾病患者医疗费用负担，强调坚持商业健康保险与国家基本医疗保障制度形成合力、协同发展、有效衔接

续表

政策分类	政策文件	关于商业健康保险的内容
规范业务发展	2021年5月,中国银保监会发布《保险公司城乡居民大病保险业务管理办法》	规范保险公司承办大病保险业务行为,从事前、事中、事后三个环节构建覆盖大病保险承办全流程、全环节的监管体系
	2021年6月,中国银保监会办公厅发布《关于规范保险公司城市定制型商业医疗保险业务的通知》	强化依法合规,压实主体责任,明确监管要求,加强行业自律
	2021年1月,中国银保监会发布《关于规范短期健康保险业务有关问题的通知》	对短期健康险进行规范,标志着医疗险监管体系的初步形成

二 2021年健康险市场发展呈现四大特征

（一）长期健康险仍然保持了主导地位，但重疾险新单保费出现大幅下降

2021年，短期健康险保费3067亿元，同比增长9.8%，占比36.31%，同比提升1.64个百分点，其中，人身险公司短期健康险保费1689亿元，同比增长0.18%；财产险公司短期健康险保费1378亿元，同比增长24.46%。长期健康险保费5380亿元，同比增长6.13%，占比63.69%。

2021年前8个月的重疾新单（包含1月份的旧定义、2月份及之后的新定义产品）为历史高点（2018年）同期水平的60%~70%。重疾险的长期增长趋势逆转，原因在于三个方面。

一是渠道困境。重疾险是代理人产品库中的"打底产品"，也是每个代理人应该出单的产品，重疾险的销量和代理人人数呈现高度相

关性。在2015~2018年，寿险行业充分享受到了代理人和客户的人口红利，但是，随着代理人的数量在2019年接近1000万这一关口时急转直下，一方面，保险公司纷纷高举转型大旗，走高质量发展之路，需要清理虚人力；另一方面，保险公司也渐渐发现，不仅要的高质量人才可能不好找，连之前容易获得的基础人力，也由于受到快递业、物流业等新兴机会的影响，变得更难获得。销售的媒介受限，直接影响就反映到了业绩结果上。2019年的重疾新单增速下滑已经暴露了问题，而受2020年新冠肺炎疫情影响产生了叠加效应，消费者收入的下降导致保险这类非渴求商品的消费下降，投保的决策难度加大，保险销售这个职业相比于其他新兴业态的吸引力大幅度降低，代理人脱退率高、增员难成为行业共同面对的难题。

二是重疾险市场接近饱和。重疾险在这27年间覆盖了近2亿人口。在中国14亿人口中，有重疾险（指的是在目前主流设计下"储蓄"性质较强的重疾险产品）支付能力的比例是有限的。根据北京师范大学中国收入分配研究院2019年的抽样调研数据，月收入在3000元以上的人口占比为16.34%，在14亿的人口中有2.3亿人，这个量级水平与目前重疾险的覆盖人群量级基本一致，这就意味着很可能行业已经把有支付能力的客户都转化成了重疾险的客户。

三是新客户消费习惯变化。过去保险销售面对的客户是"70后""60后"，现在发现"80后""90后"甚至"95后"开始登上保险消费者的舞台之后，消费习惯发生了根本变化。他们年轻化、知识化，富有且较真，他们在认可的领域不吝惜一分一毫，他们靠兴趣形成形态各异的圈层，他们尊重专业，希望把人情和消费尽可能地分开。另外，互联网打破了保险这种商品的信息壁垒。即使是"人情保单"，消费者也会上网查询一下这个产品是不是值得购买的产品。通过对代理人的调研发现，近一年客户投保重疾险的行为最大的变化是客户投保前的决策时间明显延长。

（二）惠民保市场加速扩展，对传统市场产生明显替代

针对2020年惠民保市场出现的保障方案缺乏数据基础、风险不确定、恶意压价竞争等诸多问题，2021年6月《中国银保监会办公厅关于规范保险公司城市定制型商业医疗保险业务的通知》发布，从发挥市场机制作用服务民生保障、强化可持续经营开展专业服务、压实主体责任规范经营行为三大方面对定制医疗保险业务进行规范，指明了"惠民保"长期稳健可持续发展的方向。

在监管规范引导下，2021年惠民保市场加速扩展。据统计，全年共有80多家险企参与，覆盖28个省份约1.4亿参保人，保费约为140亿元，较2020年大幅度增长（2020年累计超4000万人参保，保费收入超50亿元）。

2021年，新推出的惠民保产品或迭代产品，普遍对保障责任进行了扩展，同时提升了保费水平，部分缺乏数据基础、低价竞争的产品逐步被淘汰。在保持低门槛的前提下，保障范围由医保内向医保内外扩展；特药责任在第三方公司的深入参与下，由简单报销向综合服务演进。同时，对于既往症的规定呈现出可保不赔、可保可赔等多种模式。

2021年，各地医保部门参与程度进一步加深，对惠民保参保率产生强影响，而允许个人账户支付、开展家庭共济等举措则进一步提升了项目参保率。由于2021年部分惠民保产品逐步升档，对百万医疗险"低保费、高保障"的传统市场定位产生较大影响，且惠民保参保人群结构保持基本稳定（社商融合型产品60岁及以下参保人占60%~70%），对重疾险、医疗险目标客群替代明显。此外，惠民保产品地域特征明显，叠加政府背书等优势，可及性、本地化及转化优势明显，进一步推高了传统健康险产品的创新难度，产生了明显替代。据有关机构调查，惠民保对百万医疗险的市场冲击约为20%。

（三）跨产业资源整合提速，健康管理品牌化趋势更为明显

2021年，各大险企进一步从战略高度加大对健康产业的投资与合作力度，对健康服务进行跨界整合。比如，中国平安保险（集团）股份有限公司合作运营深圳龙华区综合医院，参与方正集团重整（只保留医疗等核心板块），通过医疗资源的协同，进一步深化医疗健康战略布局。同时，发布"平安臻颐年"康养品牌及首个高端产品系列"颐年城"，推出"五臻"标准（核心区位、终身管家、顶级标准、专属医疗、尊贵人生）服务体系。中国太平洋保险（集团）股份有限公司加速推进大健康战略落地，广慈太保互联网医院投入运营，尝试自建医生服务团队，布局康复医院，设立大健康产业股权投资基金。中国太平保险集团有限责任公司加快构建"保险+大养老""保险+大健康"服务体系，设立太平医疗健康股权投资基金。

在加快推动大健康资源整合的同时，2021年，平安、友邦、太保、阳光等大型险企及工银安盛等中小型险企纷纷推出或升级"平安臻享RUN""愈从容""太医管家""橙·意""御未来"等独立健康服务品牌，提供"病前健康干预、病中疾病管理、病后康复护理"全流程服务，健康管理服务全面走向品牌化运营。比如，2021年4月，中国平安人寿保险股份有限公司发布"平安臻享RUN"健康服务计划，匹配主力重疾产品，尝试"保险保障+健康管理+医疗服务"一站式解决方案。

此外，京东健康股份有限公司也基于其"京东家医"服务品牌，与保险公司合作推出了"家医保"品牌，阿里健康信息技术有限公司联合众安在线财产保险股份有限公司推出"全家保"品牌。

（四）网络互助模式落幕，助力商业健康险下沉市场发展

2021年，曾经风生水起的网络互助平台经营模式陷入瓶颈，大量

高龄、带病用户的参与，平台的逆选择风险大幅提升，用户均摊费用大幅增加，用户数不断下降等问题凸显。2021年上半年，美团互助、轻松互助、水滴互助、悟空互助、小米互助、360互助等网络互助平台纷纷宣布停止运营。12月28日，相互宝发布公告表示将于2022年1月28日24时停止运行。至此，主流网络互助模式正式落下帷幕。

网络互助平台关停，在一定程度上利好商业健康险下沉市场发展。一方面，网络互助平台在一定程度上提升了民众的健康保障意识，从客群分布情况来看，以下沉市场为主，价格敏感度较高，部分网络互助平台的相继关停，使民众进一步认识到网络互助不能简单替代保险产品，促使原有客户转向购买"惠民保""百万医疗"等普惠型健康险产品，为保险公司带来增量客户；另一方面，部分网络互助平台在关停过程中，通过赠送健康险产品等形式，进行平台客户内部转化，如水滴、悟空、360平台均向原互助用户赠送一年期健康险产品，其中水滴平台产品由众安在线财产保险股份有限公司定制，保额50万元，保费由水滴平台承担。相互宝成员可自主参保"健康福"系列重疾险延续保障，无须重新健康告知，无须重新计算等待期，且投保成功后前3个月免费。不想立即转保险的成员，也可以选择平台的预约生效功能，选择在1月28日24时系统自动投保。"健康福"系列重疾险由中国人民健康保险股份有限公司、阳光人寿保险股份有限公司承保，分为三款产品，对应了相互宝现有的大病互助计划（0~59岁）、老年防癌互助计划（60~70岁）和慢病互助计划。

三　健康险发展存在的挑战和问题

（一）经济进入下行周期，居民消费意愿降低

新冠肺炎疫情以来，我国居民收入增速下滑，对未来的收入预期

持谨慎态度，对可选消费的消费意愿走低。从收入端来看，2020年疫情后，我国城镇居民人均可支配收入两年复合增速明显下降，目前仍未恢复至疫情前水平。从消费端来看，当前居民储蓄倾向上升，消费倾向则继续降低。根据央行发布的2021年第三季度调查报告，倾向于"更多消费"的居民占24.1%，比上季度减少1.0个百分点；倾向于"更多储蓄"的居民占50.8%，比上季度增加1.4个百分点；倾向于"更多投资"的居民占25.1%，比上季度减少0.4个百分点。

（二）健康险产品供需不适配矛盾较为突出

一是险种发展不平衡。目前商业健康保险市场上疾病险（85%以上为重疾险，目前已覆盖近2亿人，共销售近3亿的保单量）、医疗险分别占总保费的65%和33%，失能险和护理险保费合计仅占2%。

二是针对高收入、健康人群的定制化保障，以及针对中低收入、带病体、老年人、儿童、灵活就业等人群医保之外的补充保障相对不足。如目前市场上的商业健康保险产品主要是面向60岁以下的健康人群，其中重疾险被保险人中50岁以下年龄段的群体占比90%以上，医疗险支持65岁以上老年人投保的产品不到5%。

（三）健康保险与"三医"的合作有待深入

在与医保合作方面，受各地医保治理理念不同以及经办成本列支较难等因素制约，商业保险机构参与基本医保经办管理的程度较低。在与医疗合作方面，我国基本医保基金作为医疗费用最主要的支付来源，在支付体系中占据绝对的话语权。2020年，我国基本医保基金支出2.1万亿元，而商业健康保险赔付支出仅2921亿元，仅为前者的14%。由于支付作用发挥有限，商业健康保险很难对医疗行为进行有效的监控和干预，尚未与医疗机构建立风险共担、互利共赢的合作机制。在与药企合作方面，虽然产品创新在加快，如推出特药险产品，以及在百万医疗、惠民保等产品中融入特药责任等，但这些探索目前还停留在局部和点上，受到保险公司风控能力较弱、商业健康保险药品目录尚未建立等条件制约，产品设计相对保守，保障作用发挥不够充分。

（四）医疗健康数据共享和深度挖掘有待进一步推进

一是行业数据孤岛现象较为严重，医保、医院数据质量、数据标准尚未统一，且数据获取存在一定难度。二是数据挖掘能力不足，在客户需求分析、精准定价方面尚未实现大数据等信息科技的有效应用。三是智能化风控体系尚未建立。健康实时监测、疾病管理等服务智能化水平有待提高，科技与健康管理的融合有待深入。

四 健康险仍处于发展机遇期

中国健康险发展进入了深度转型阶段，健康险的增速明显放缓，其原因有以下几个方面：一是在进入后人口红利期之后，个险渠道代理人流失问题突出；二是惠民保等新业态对于传统主流产品有挤出效应；三是消费者需求行为发生较大变化，以"90后"为代表的新消费群体的保险保障意识和信息收集能力都较强，传统重疾险产品的吸引力下降。

从短期看，健康险发展面临转型压力。从长期看，健康中国建设迈向新里程，多层次医疗保障体系呈现新格局，数字中国带动健康产业迸发新活力，健康保险在新时代仍处于发展机遇期。

（一）全民医保顶层设计鼓励支持商业健康保险加快发展

为全面推进健康中国建设，根据《中华人民共和国国民经济和社会发展第十四个五年规划和2035年远景目标纲要》《"健康中国

2030"规划纲要》,国务院办公厅印发了《"十四五"国民健康规划》(以下简称《规划》)。其主要有以下四个特点。

一是《规划》更加突出"国民性",核心目标就是要筑牢人民健康基石,铸就健康中国伟业。

健康不是一切,但没有健康就没有一切。此次《规划》的出台进一步细化了"十四五"时期全面推进健康中国建设的目标任务,把人民群众生命安全和身体健康放在第一位,加快实施健康中国行动,这不仅是我们党和国家作出的庄严承诺,更是铿锵有力的具体行动。《规划》提出要全面推进健康中国建设,深化医药卫生体制改革,持续推动发展方式从以治病为中心转变为以人民健康为中心,更加精准对接和满足群众多层次、多样化、个性化的健康需求;把全周期保障人群健康、做优做强健康产业、强化国民健康支撑与保障等作为重点工作任务。

二是《规划》更加突出"全面性",根本要义就是实现健康服务的全覆盖,进一步提升人民群众的健康水平。

《规划》首次将"两全"一并列入国家发展规划。"两全"即全方位干预健康问题和影响因素、全周期保障人群健康,完善生育和婴幼儿照护服务,保护妇女和儿童健康,促进老年人健康,加强职业健康保护,保障相关重点人群健康服务,有效解决群众的医疗健康问题。

在国家推动医疗服务体系和医疗保障体系从以治病为中心转变为以人民健康为中心的进程中,保险业可以参与管理式医疗和价值医疗等模式创新,发展空间广阔。

三是《规划》更加突出"产业性",本质用意就是在产业链整合的大框架下规划和发展商业健康保险。

《规划》提出要通过做优做强健康产业,增加商业健康保险供给,强化国有经济在健康养老领域的有效供给,促进健康与养老、旅游、互联网、健身休闲、食品等产业融合发展,壮大健康新业态、新模式等措施,2025年健康产业达到11.5万亿元以上的规模,预计GDP占比达到9%左右。可以预见,随着健康产业的蓬勃发展,健康保险的功能将进一步拓宽,在推动国民经济健康发展方面发挥更大的作用。

四是《规划》更加突出"保障性",主要方向就是利用市场机制提升群众的医疗保障水平。

在强化国民健康支撑与保障方面,《规划》提出将深化医药卫生体制改革,加快建设分级诊疗体系。健全全民医保制度,开展按疾病诊断相关分组、按病种分值付费,将符合条件的互联网医疗服务按程序纳入医保支付范围。稳步建立长期护理保险制度。推广应用人工智能、大数据、5G、区块链、物联网等新兴信息技术,实现智能医疗服务、个人健康实时监测与评估、疾病预警、慢病筛查等。

在政策指引下,一方面,健康保险将成为基本医保的重要经办方,通过发展大病保险、长期护理保险等业务,发挥精准定价、风险管控等专业优势,实现政府和市场两种资源的有机结合,提升国家医保体系的运行效率和服务质量;另一方面,健康保险将成为补充保障的主要提供方,通过发展医疗、疾病、护理、失能等保险业务,弥补基本医保的保障缺口,满足民众更高层次的健康保障需求。预计未来一段时期,健康保险的专业经营水平将持续提升,并借助云计算、大数据等新技术,提供更加精准化的服务,进一步扩大保障覆盖面,与基本医保形成合力,提高群众的医疗费用报销比例,解决因病返贫、因病致贫问题。

(二)我国经济社会步入新发展阶段,将进一步释放多样化的健康保障需求

一是人口结构和疾病谱变化催生新的健康保障需求。当前,我国

60岁及以上人口已达2.64亿。预计"十四五"时期,我国将进入中度老龄化社会。而老年人的医疗支出是一般群体的2~3倍。伴随人口结构的变化和经济社会的发展,我国慢性病患者基数正不断扩大,目前已超过3亿人,相关健康保障及慢病管理服务需求将进一步增加。《中共中央 国务院关于加强新时代老龄工作的意见》聚焦老年人的"急难愁盼"问题,要求把积极老龄观、健康老龄化理念融入经济社会发展全过程,稳妥推进长期护理保险制度试点,鼓励发挥市场机制作用,扩大适老化保险产品和健康服务供给,为商业健康保险服务积极应对老龄化国家战略带来新机遇。

二是消费习惯带来需求变化。"十四五"期间,基于线上的"宅经济"前景广阔。20世纪80年代及以后出生的人群是网络消费的主体,将对基于线上的个性化、差异化、简约化的产品和服务产生更多消费需求。2021年,我国在线医疗用户规模已达2.4亿,同比增长11.4%,在网民中占比已达到23.7%。

(三)"数字中国"科技变革推动商业健康保险业态升级

党中央把科技自立自强作为国家发展的战略支撑。在"数字中国"战略引领下,科技创新将推动保险业动能转换、业态升级。一是健康医疗大数据、医学人工智能、云计算、区块链等新技术将进一步赋能保险业发展,重塑保险产品定价、风险评估、核保理赔等关键环节,推动行业全链条数字化变革。二是保险行业基础数据标准、共享机制正在建立,将为全行业高质量的产品供给和健康管理服务提供有力支撑。三是数字化营销将拓宽商业健康保险的销售渠道,推动客户经营转型升级,为保险公司实施精准营销,提升客户开发、运营、转化能力提供新的机遇。从国际经验看,领先的商业健康保险公司都将数字化建设作为提升专业能力的核心支撑。

市　场　篇
Market Reports

B.2 2021~2022年健康险产品演进分析

王明彦　丁莹　孙啸辰　陆静　郭炜钦*

摘　要： 2021年以来，商业健康险产品结构基本稳定，重疾险、医疗险、护理险的相对关系未出现大的改变。但不可忽视的是，重疾险的新单销售量相较之前大幅下降，新客户获取极为困难。惠民保延续着越发高涨的发展态势，而百万医疗保险进入了存量客户经营的阶段。先进医疗聚合产品因其包含的特药、特械、先进疗法等多种医疗资源表现出了旺盛的生命力。长期护理保险、慢病人群保险、老年人群保险、消费型医疗保险仍处于发展的起步阶段。

关键词： 健康保险　长期医疗保险　护理保险

---

* 王明彦、丁莹、孙啸辰、陆静、郭炜钦均任职于中再寿险产品开发部。

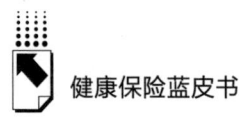

前　言

近几年，在民众保障意识觉醒、监管引导保险回归保障、保险公司积极转型的大背景下，健康险是人身险产品中增速最快的险种，2021年健康险保费收入为8447亿元，2015~2021年健康险的复合增长率达到23%，健康险在整个人身险保费中的占比也攀升至25.4%。

但不容忽视的是，2020年疫情发生以来，外部和内部环境都在发生剧烈的变化。寿险公司个险渠道代理人数量持续下降，并向优质代理人转变；民众收入水平或消费水平由疫情冲击下降导致购买保险这种非渴求消费品的意愿降低；[①] 随着健康险普及而导致的推广边际效率递减，各种因素叠加使得近两年健康险的增速较2020年进一步放缓。2021年健康险保费收入相比2020年增速仅为3.4%，这也是自2015年以来健康险增速首次低于5%；截至2022年7月健康险保费收入为5904亿元，如果按照既往年度健康险业务节奏进行外推，2022年全年健康险保费收入将在8800亿元上下，增速约为4%，仍然处于较低水平（见图1）。

2021~2022年人身险产品在监管层面也发生了一些变化，监管政策主要着眼于规范产品销售和管理等方面。2021年10月发布的《关于进一步规范保险机构互联网人身保险业务有关事项的通知》要求各公司的互联网人身险业务线于2021年12月31日前进行整改；2022年2月下发的《长期人身保险产品信息披露规则（征求意见稿）》对各类型产品的信息披露提出了要求；2022年4月发布的《人身保险销售行为管理办法（征求意见稿）》对人身保险售前、售

---

① 姜鑫：《问诊健康险：时代之问背后的需求与改革》，《经济观察报》2022年1月24日。

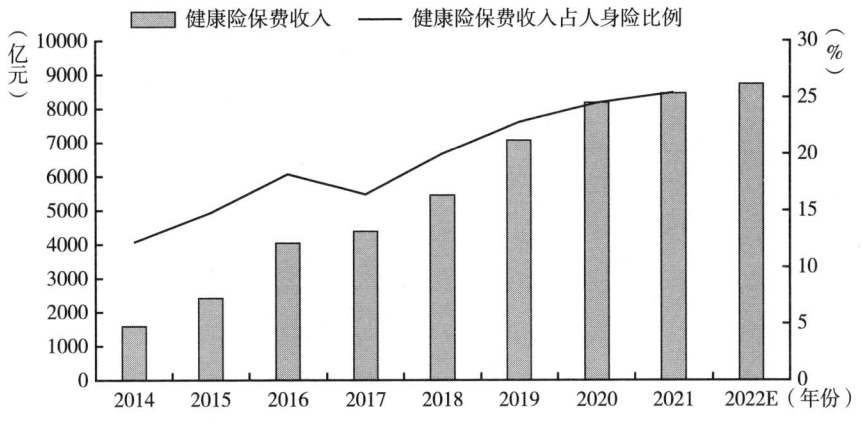

图1 2014~2022年我国健康险保费收入及占比

资料来源：根据公开数据整理。

中、售后的全部行为进行全流程规范。此外，2022年8月下发的《关于部分财险公司短期健康保险业务中存在问题及相关风险的通报》，对"药转保"现象进行了通报。这些政策都或多或少对健康险的开发、销售产生了一定的影响。

从健康险的整体市场格局看，2022年商业健康险市场仍然维持着2020~2021年的格局，重疾险、医疗险、护理险的相对关系均未出现大的改变。但不可忽视的是，重疾险的新单销售量相较之前大幅下降，新客户获取极为困难；惠民保保持着越发高涨的发展态势，而百万医疗险进入了存量客户经营的阶段。先进医疗聚合产品因其包含的特药、特械、先进疗法等多种医疗资源表现出了旺盛的生命力；长期护理保险仍处于发展的起步阶段，但随着市场的培育和启蒙，后期有可能随着养老需求的唤醒而快速增长；慢病人群保险、老年人群保险、消费型医疗保险等产品如雨后春笋般陆续萌芽并发展。商业健康险呈现出更丰富、更全面的特征。

从健康险市场长期发展看，我们认为健康险在需求端仍存在较大

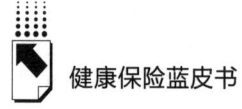

的市场空间。《2021年中国卫生健康事业发展统计公报》显示，2021年全国卫生总费用预计达75593.6亿元，其中个人卫生支出为20954.8亿元（占27.7%）。2万亿元的个人卫生支出在人口老龄化的大背景下会进一步放大，这给商业健康险的"补位"留下了巨大的想象空间。但我们也相信，从供给侧角度，健康险产品和经营模式需要随着外部和内部环境的变化而顺势调整，积极寻找最优解，才能有效融入多层次医疗保障体系，在医疗支付中占据一席之地。

一 重疾险2021~2022年的演进趋势

2022年，重疾险新单销量较2021年进一步下滑。截至2022年8月底，多家头部公司重疾新单保费下滑严重，总体降幅约为50%，降幅最大的公司降幅高达66%。而在2021年，前8个月的重疾新单（包含1月份的旧定义、2月份及之后的新定义产品）保费为历史高点（2018年）同期水平的60%~70%。照此推算，2022年重疾险新单保费仅为历史高点的1/3左右。

相比于过渡期后的首批新定义重疾产品，2022年主力公司的重疾产品形态升级更多的是在维持原有形态的基础上做出微调，改善边际效益，而创新责任较少。本报告将从产品责任设计和产品结构设计两个角度进行重疾险发展趋势的研究。

（一）产品责任设计

1. 分级给付责任

近几年，在重疾险的分层给付设计中，"轻症、中症、重疾"几乎已成为所有重疾产品的标配。除了"轻症、中症、重疾"，还出现了极轻度疾病（前症）责任。但我们认为前症责任不符合重疾险的本质功能，且风险较高，不适合加入重疾险中。可以看到的是，中国太平洋人寿保险股份有限公司2022年的开门红主力重疾险金福·合家欢（成人版、少儿版）在金典人生、少儿金典人生的基础上删除了前症责任（6种前症，均为癌症相关）。此外，2022年并没有较多重疾险产品采用前症责任，即使在形态竞争激烈的互联网渠道和经代渠道，前症责任也没有形成趋势（见表1）。

表1 重疾险产品删除前症责任示例

产品名称	太保金福·合家欢(成人版)	太保金典人生
投保年龄	18~57(M)/60(F)周岁	18~65周岁
保险期间	终身	终身
交费期间	8年、13年、18年	趸交、5年、9年、14年、19年
等待期	180天	180天
保险责任	身故或全残,100%SA	身故或全残,100%SA
	重疾,120种,1次,100%SA	重疾,120种,1次,100%SA
	成人特定重疾额外给付,20种,1次,100%SA	成人特定重疾额外给付,20种,1次,100%SA
	轻症,60种,5次,20%SA	轻症,60种,5次,20%SA
		前症,6种,1次,10%SA
保费测算	50万元保额,18年交,保终身,含被保险人豁免	50万元保额,19年交,保终身,含被保险人豁免
	30岁男:15435元	30岁男:14950元
	30岁女:14810元	30岁女:14100元

资料来源：根据公开资料整理。

2.病种数量增加

2022年，在基础责任给付次数和病种数量上，中小公司和大公司体现出了不同的态度。对于中小公司来说，其产品所投放的互联网和经代渠道市场竞争的激烈程度加剧，它们选择在病种数量和给付次数上仍然继续扩展。一方面，轻症、中症、重疾险责任所包含的病种数量逐渐增多，病种库日趋丰富；另一方面，这些责任的给付次数也在增加，甚至一些重疾险产品的重疾数量扩展到140种。而反观大公司，2022年均未体现出扩展病种数量的需求，其重疾险产品的病种库相对稳定，基本较前两年没有变化。大公司已经意识到，在重疾险处于颓势的情况下，对于病种数量和给付次数的调整可能属于无效的升级方式，并不能额外激发民众的有效需求。

3.额外给付责任

额外给付责任类型与2021年基本一致，包括失能责任、护理责任、高费用疾病、特定疾病等责任。对于失能责任、护理责任、高费用疾病等额外给付责任，基本维持着2021年的设计，前代产品所含的额外给付责任在2022年也维持一致，没有额外的更新动作，也没有升级迭代。这主要是因为，在市场上行期，重疾险产品通过责任的更新迭代不断给予消费者和渠道新鲜感，但一旦市场进入快速下行期，责任迭代能够刺激需求的假象就被暴露出来，保险公司会更加关注产品结构的设计而非某一个责任的设计。

我们发现2022年少儿重疾市场的供给和需求仍然保持一定的活力，少儿罕见病责任是2022年少儿重疾险升级的一个共识。2022年上市的多款产品中，额外给付责任细化成少儿特定疾病和少儿罕见病两个责任，给付年龄和保险金额可以有不同设置（见表2）。

表2 少儿重疾险产品示例

公司名称		中国人民健康保险股份有限公司	太平人寿	大家人寿	华夏人寿
产品名称		玺悦宝贝	附加宝贝定期	佑宝贝	菩提树少儿
少儿特定疾病责任	病种数量	20种	20种	20种	25种
	给付年龄	A款:18周岁之前 B款:31周岁之前	—	—	25周岁之前
	保险金额	100%SA	100%SA	100%SA	100%SA

续表

公司名称		中国人民健康保险股份有限公司	太平人寿	大家人寿	华夏人寿
产品名称		玺悦宝贝	附加宝贝定期	佑宝贝	菩提树少儿
少儿罕见病责任	病种数量	10种	5种	6种	—
	给付年龄	—	—	—	—
	保险金额	200%SA	100%SA	150%SA	—

资料来源：根据公开资料整理。

4. 多次给付责任

2021~2022年，重疾险市场一个明显的趋势是，大型险企加大对于多次给付重疾产品线的开发和销售力度，多次给付重疾险从补足产品线的产品变成很多公司的主力产品。

以中国人寿保险股份有限公司为例，2022年4月，该公司推出了其首款新定义分组多次给付产品——尊享福、惠享福。尊享福、惠享福的产品形态设计较为简单，没有任何可选责任。同时，不同于2021年上市的国寿福（盛典版）将产品分为成人版和少儿版，尊享福、惠享福不区分成人版和少儿版。尊享福、惠享福自上市起其销量表现就较为不俗，尤其是国寿从7月开始不再销售单次重疾国寿福（盛典版），多次重疾已经成为重疾条线的绝对主力。多次重疾市场反响较好的原因在于，一方面是相对于单次重疾，在大型险企的目标客群市场中具有一定的新鲜感和吸引力；另一方面是通过提高给付次数使得产品的杠杆提高。此外，在重疾险市场疲软的环境下，激烈的竞争使得大型险企对于多次重疾险的定价水平也较为极致，进一步降低了投保人的购买门槛，使得原先定位为高端重疾产品险降级为大众产品（见表3）。

表3 多次给付重疾险产品示例

产品名称	国寿尊享福/惠享福	国寿福(盛典版,A款)	少儿国寿福(盛典版)
投保年龄	尊享福:28天~58(M)/60(F)周岁 惠享福:28天~60周岁	18~60周岁	28天~17周岁
保险期间	终身	终身	终身
交费期间	趸交、3年、10年、19年	19年、29年	19年
等待期	180天	180天	180天
必选责任	重疾,120种,分组6次,100%SA 中症,20种,1次,50%SA(惠享福无此责任) 轻症,40种,6次,20%SA(惠享福无此责任) 少儿特定,15种,1次,100%SA 身故 重疾豁免保费	重疾,120种,1次,100%SA 中症,20种,1次,50%SA 轻症,40种,6次,20%SA 70岁前首次重疾额外,6种,50%SA 身故	重疾,120种,1次,100%SA 中症,20种,1次,50%SA 轻症,40种,6次,20%SA 少儿特定,15种,1次,100%SA 身故
可选责任一	无	心梗/脑中风额外给付,2种,50%SA 70岁前首次重疾额外,120种,50%SA 较重度恶性肿瘤额外给付,1种,50%SA	70岁前首次重疾额外,120种,50%SA
可选责任二	无	癌症二三次,间隔期为3年,1种,100%SA 重度恶性肿瘤豁免保险费	癌症二三次,间隔期为3年,1种,100%SA 重度恶性肿瘤豁免保险费

续表

产品名称	国寿尊享福/惠享福		国寿福(盛典版,A款)	少儿国寿福(盛典版)
保费测算	50万元保额,19年交,保终身		50万元保额,19年交,保终身,不含可选责任	50万元保额,19年交,保终身,不含可选责任
	尊享福: 30岁男:16250元 30岁女:15000元	尊享福: 0岁男:6450元 0岁女:6000元	30岁男:14400元 30岁女:13500元	0岁男:5900元 0岁女:5600元

资料来源:根据公开资料整理。

(二)产品结构设计

2022年,相比于产品形态的调整,重疾险产品的升级更多地体现在结构设计上,包含销售逻辑的改变以及产品的模块化设计。销售逻辑的改变主要是指"终身重疾+定期重疾"的组合,定期重疾定位于吸引已经购买过重疾产品的老客户加保,定期重疾的思路在2021年的报告中已经做过论述,此处不做扩展。此处重点总结近两年的模块化产品。

2021年,友邦人寿保险有限公司推出了主力重疾友如意系列产品,一经上线就获得了市场的广泛关注。之后,又有多家公司推出了模块化产品,且有的产品已经完成了自身的更新迭代,模块化产品迎来了市场的小高潮。模块化产品的模块设计较为灵活多样,既可以将不同险类的责任作为不同模块,比如中信保诚人寿保险有限公司的惠安心重疾全面保障计划包含了终身重疾、定期重疾、长期医疗、特药医疗等多种健康保障,实现重疾风险的全面管理;也可以将重疾险的多种单独责任作为模块,客户根据自身需求进行灵活选取。友邦人寿保险有限公司的友如意系列产品就是此类设计的典型代表。2018年以来保险公司上线的模块化产品情况如表4所示。

表4 2018年以来保险公司上线的模块化产品情况

序号	保险公司	产品名称	上市时间
1	中美联泰大都会	健康随心	2018.11
2	中美联泰大都会	健康随心Ⅱ	2021.02
3	友邦人寿保险有限公司	友如意	2021.02
4	中国平安人寿保险股份有限公司	御享福	2021.08
5	新华寿险	健康新享	2021.11
6	太平人寿	福禄御禧	2022.04
7	友邦人寿保险有限公司	如意双享	2022.04
8	中信保诚人寿	惠安心	2022.07

资料来源：根据公开资料整理。

我们认为，模块化产品在2022年实现小高潮的原因主要有以下几个方面。第一，近年来，代理人人数持续下降，代理人和客户的人口红利已经逐步消失。根据银保监会公布的数据，截至2022年6月30日，寿险公司执业登记的销售人员为401.4万人，相较2021年底减少了71.4万人。在人口红利消失的情况下，原来的"一刀切"式的产品设计无法获得新的增量，"以产品为中心"的策略在此情况下不再适用。第二，近两年来，行业内各个保险公司均推出了优质代理人计划，代理人的整体素质提高，有能力推荐模块化产品。同时，新旧定义切换后，消费者对于"重疾""轻症"等概念进一步熟知，有能力进行判断和取舍。因此，在行业整体代理人素质提高、客户更了解重疾产品的大环境下，各公司推出"以客户需求为导向"的模块化重疾产品可以说是恰逢其时、顺势而为，预计模块化产品会成为更多保险公司的升级选择。2018年以来保险公司推出的优质代理人计划如表5所示。

表5 2018年以来保险公司推出的优质代理人计划

公司	优质代理人计划	开始时间
平安人寿	优+人才招募计划	2022.07
新华保险	优计划	2022.04
泰康人寿	HWP计划（健康财富规划师）	2018
太平人寿	山海计划	2022
太保寿险	长航行动	2021.01

资料来源：根据公开资料整理。

模块化产品的本质在于按照一定的逻辑将原有的重疾产品要素进行拆解，对保险责任"先做减法，再做加法"，其根本目的在于区分不同消费能力的客户群。"做减法"是指重疾险责任的轻量化，消费能力不足的客群可以只选择基本保障，这样可以使得更多的人有能力购买重疾险，进一步降低重疾险投保门槛；"做加法"是指对于那些消费能力高、保障需求强的客群，可以在基本保障的基础上按照自身实际需求添加更多个性化的责任模块，满足定制化需求。

（三）产品形态之外的调整

除产品形态调整、结构设计外，近两年多家保险公司在开门红或特别销售时段推出缩短交费期间（N-1/N-2）的活动。比如，中国太平洋人寿保险股份有限公司的金福·合家欢在金典人生缩短一年交费期（N-1）的基础上进一步降低，减少两期保费。又如，泰康人寿保险股份有限公司于2022年金泰杯推出的乐享健康（双惠成人、双惠少儿）产品，在乐享健康（惠享成人、惠享少儿）缩短一年交费期（N-1）的基础上进一步降低，也是减少两期保费。友邦人寿保险有限公司2022年开门红产品友如意2022年也缩短了一年交费期。2020年以来，疫情对民众的收入产生了一定的影响，这直接导致民众对保险的有效需求降低。此时，保险产品的价格优惠对于保险消费的激励作用要大于保险产品形态的调整。

二 医疗险2021~2022年演进趋势

2022年，代理人人数大幅下降的趋势仍在继续，商业医疗险作为传统代理人获客产品也受到较大影响，新单销量萎靡，各家公司也希望通过产品创新适当改善这一局面，创新方向各有不同。另外，医疗险的定位也逐渐发生了变化，除了传统的获客功能外，理财类产品的赋能销售、老客户的二次开拓等功能也通过这一灵活的险种得以实现。

（一）责任创新——先进治疗方式

先进医疗一直是医疗险升级的一个主要方向，保险行业可借助医疗产业在不同领域的深耕和创新，提高患者对于先进治疗方式的可及性和支付能力，也借助先进医疗带来的市场效应，使客户增进对保险的感知和认可度。随着惠民保的普及，其在保费、带病体可及性等方面对商业医疗险特别是百万医疗险产生了冲击，因此商业医疗险将重点放在了和惠民保的错位竞争上，更加侧重于自费项目，其中以先进医疗最为具有代表性。在先进医疗责任的设计形式上，各公司的做法主要分为两类：一类是通过百万医疗产品升级纳入该项责任，增加主力医疗险的产品吸引力；另一类是将先进医疗聚合为单独的产品，这样和任意产品进行组合，也可作为代理人获客工具，灵活性更强。

1. 百万医疗险升级

2022年，伴随着惠民保产品的加速发展和代理人的快速流失，百万医疗险的生存环境进一步变化，新单数量也出现萎缩，百万医疗进入了存量客户经营的阶段。各家公司在升级产品时也会相对谨慎，因为大部分升级后的百万医疗险产品需要承接老产品的转保客户，如何保证新产品仍能留住前代产品中的健康人群成为经营的关键。因此，对于百万医疗险的升级大多为在对费率影响较小的情况下适当增加吸引力较强的先进医疗责任，而其中CAR-T疗法成为众多公司升级的首选。如国寿主力医疗险爱意康悦、友邦人寿保险有限公司主力医疗险智选康逸/康惠系列，均在2022年的产品迭代中将CAR-T作为升级点。

自2021年6月国内首款CAR-T药品阿基仑赛注射液获批以来，这一疗法以其高昂的价格、先进的技术和令人惊艳的疗效数据吸引了社会的关注。在保险行业，该疗法也同样受到瞩目，无论是百万医疗险和惠民保产品的升级，还是含CAR-T责任的先进疗法产品，抑或CAR-T的单风险保障，相关产品层出不穷。其实，未升级前的百万医疗险是否保障CAR-T责任，也存在着一定的争议，因为在产品开发阶段，由于当时并未存在该疗法，在设计责任和定价中也没有考虑这一风险因素，升级明确含有CAR-T的医疗险，也是对之前产品风险的"查漏补缺"。

2. 先进医疗聚合保险

这一类产品最早的雏形是特药险，在2018~2019年"特药"概念曾随着电影《我不是药神》的热播掀起过市场热点，各公司抓住机遇推出了用于获客或促进重疾、中端医疗等主力产品的特药专项产品，例如太平人寿保险有限公司的药安心、友邦人寿保险有限公司的都市丽人、微保的药神保等。但特药仅是癌症的治疗手段之一，随着医学的进步更多的先进治疗手段出现，如质子重离子疗法、CAR-T疗法、钇90微球，另外还有一些非传统百万医疗险可保的器械，如植入性鞘内药物输注系统（镇痛泵）、乳房假体器械等，而特药责任经过多年的宣传和销售，从"热度"上吸引力已不足，因此，先进医疗聚合产品应运而生，2022年，友邦人寿保险有限公司守护希望

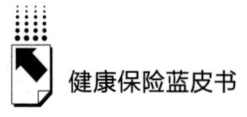

特药器械医疗保险、中信保诚人寿保险有限公司安心特药险等产品采取了此种设计方式。

在先进医疗的选择上，除了考虑疗法、器械的市场影响力之外，更需要考虑可及性以及与保险的适配度，其不同点在于特药主要是在院外药房购买，疗法及器械的主要使用场景依然是在医院，且先进治疗往往对医院资质要求较高，有实力开展治疗的医院有限，因此依赖医院网络的选择。如果选择该责任，则一定要保证配套的医院绿通和住院安排，如有必要也需增加多学科会诊服务（MDT），以保证匹配最佳治疗方案给患者。

在百万医疗险新单乏力的当下，先进医疗聚合产品从定位上成为代理人渠道的获客工具，其主要原因，一是先进疗法契合市场热点，解决客户需求痛点，噱头较足，适合代理人和客户沟通；二是该产品件均在100~200元，价格较常规百万医疗险更低；三是从保障范围上和惠民保形成了明显的错位，不会出现"撞车"现象。

（二）中端医疗保险

随着普惠医疗市场的快速发展，越来越多的公司将中端医疗险作为2022年的发力方向。从目前各家公司推出的中端医疗产品来看，纳入特需医疗、采用0免赔似乎是中端医疗险的必要因素。

在2021年及之前，特需医疗基本上是作为百万医疗险的一个昂贵计划，或是高端医疗的一个基础计划出现，整体产品属性并不鲜明。但随着惠民保产品的大范围面世，高端医疗险的主力开发公司也看到了中端市场的潜力，都在向这一领域拓展，特需医疗产品也逐渐在医疗险市场占据一席之地，尤其在经代渠道趋势明显。

2022年初，泰康人寿保险股份有限公司上市了包含特需责任且保证续保20年的附加健康心享医疗保险，通过调高特需医疗的年度免赔额至3万元并对于特需责任的医院范围进行正面清单要求，使得该产品的保费水平较常规百万医疗险提高比例有限，在责任和保费水平上做了平衡。随后君龙人寿在5月上市了臻爱无忧中端医疗保险，虽然保障计划较多，但还是以特需医疗及其价格竞争力作为宣传的主要卖点，其特需0免赔计划的价格甚至低于部分公司同年龄段特需1万元免赔额的价格。8月，平安财险推出了北极星中端医疗险，其中亦包含0免赔特需计划，且可选0免赔门诊责任。

关于中端医疗险的定义，一直以来行业并没有统一的答案，特需+0免赔是否是中端医疗的唯一解，有待行业思考和讨论。我们认为，至少0免赔并不是中端医疗险的必备条件，主要是因为对于中产阶级而言，他们可以并且非常接受自行承担免赔额以下的部分，这部分金额对于中产阶级家庭不会产生财务状况的影响；而就医的便捷和舒适度、对于医疗资源尤其是先进医疗资源的可及性、灾难性医疗支出危及财务安全等才是该群体所关注的。另外，随着医疗改革的持续深化，带量采购、国家集采、DRG/DIP过渡实施等都在改变我们的医疗环境，医疗资源的可及性也在发生变化，它们会极大影响中端医疗险的设计思路。

（三）费率可调的长期医疗险

2021年9月24日至2022年9月23日新上市的费率可调长期医疗险如表6所示。

尽管在此期间获批产品不多，但形态上和以往的百万医疗险扩展保障期间相比有了更多的分层差异化设计：中国太平洋人寿保险股份有限公司的心安怡主打与惠民保及百万医疗险产品的有效衔接，形态上0免赔低保额，补充惠民保及百万医疗产品的免赔额部分，但由于赔付门槛低，该产品的保费水平较常规百万医疗险更高，产品的销量并没有达到预期；前文提及的泰康人寿保险股份有限公司的附加健康心享在主打特需医疗的基础上将保证续保期间设计为20年。值得一

表6 2021年9月24日至2022年9月23日新上市的费率可调长期医疗险

保险公司	上市时间	产品名称	保证续保期间	投保年龄	责任简述
中国太平洋人寿保险股份有限公司	2021年11月	心安怡（长期版）	保险期间10年	0~55岁	住院医疗+特殊门诊医疗+重症监护病房津贴
泰康人寿保险股份有限公司	2022年1月	附加健康心享	20年	0~55岁	住院医疗(含特需计划)+特疾提前给付+特疾豁免保费
太平洋健康	2022年2月	个人长期医疗保险（医享无忧/蓝医保）	20年	0~65岁	住院医疗+质重+特药+CAR-T
中国平安人寿保险股份有限公司	2022年2月	附加e生保（尊享版）	20年	0~55岁	住院医疗
新华人寿	2022年8月	附加住院尊悦	10年	0~60岁	住院医疗
民生人寿	2022年8月	长相守	15年	0~60岁	住院医疗+质重+重疾关爱保险金
中国平安人寿保险股份有限公司	2022年8月	e无忧优享版	10年	0~60岁	住院医疗+重大疾病住院日额保险金+重症监护住院日额保险金+少儿特疾津贴
阳光人寿保险股份有限公司	2022年8月	融和（安心版）	15年	0~64岁	住院医疗+质重
中国太平洋人寿保险股份有限公司	2022年9月	附加爱享金生防癌医疗	保险期间20年、30年	0~60岁	住院医疗+质重+特药+CAR-T

资料来源：根据公开资料整理。

提的是，泰康也是截至目前上市了最多款长期费率可调的保险公司。

另外，可以发现对于2020年及2021年上半年上市的第一批费率可调长期医疗产品，基本尚无公司选择对其进行升级，也从侧面说明了长期医疗险的运营重点是保持产品和客户的稳定性，以保证产品的长期健康运营。在存量市场环境下，保险公司不会轻易对于费率可调型长期医疗险进行升级迭代，因为每一次迭代就意味着一次大规模的客户迁移，客户迁移通常会带来较高的客户脱退率。

（四）产品逻辑创新

1.惠民保补充医疗保险

随着惠民保市场的快速发展，医疗险开发的逻辑由"补充医保"向"补充惠民保"演进。在惠民保产品的补充和二次开发上，行业目前并没有很成熟的策略，而各地惠民保一城一策的属性也决定了很难通过一款全国统一的产品和其形成补充。

2022年7月，瑞华健康保险股份有限公司推出了一款主打和惠民保补充的百万医疗险，和之前惠民保二开思路不同的是，这一产品并未在保险责任上和惠民保形成互补，基本责任沿袭了百万医疗险的形态，但约定了以惠民保身份购买可享受8折保费的优惠，同时对于费用结算也约定了经社保报销但未经惠民保则为90%报销比例（见表7）。

在产品逻辑设计上，此产品更倾向于对惠民保身份给予价格优惠，给出了一种商业医疗险补充惠民保的解决思路，但惠民保和医保一样复杂，不同地区的惠民保产品保障水平和范围不同，作为一款全国销售不区分地域的医疗险产品，如何合理设置价格折扣需要行业进一步探索。我们也观察到，部分地区惠民保的运营平台针对当地惠民保的特点，开发了有针对性的地方惠民保补充产品，在产品设计上无缝衔接惠民保的免赔额和给付比例，但这种产品无法在行业进行批量复制。短期内，我们认为惠民保和其他商业医疗险仍然以并行发展为主流，但行业会加深对于两者融合互补的思考。

表7 瑞华健康医享无忧惠享版

产品名称		瑞华健康医享无忧惠享版
投保年龄		0~80岁
保险期间		1年,保证续保5年
保障范围	必选责任	一般医疗,1万元免赔,200万元保额
		重疾医疗,0元免赔,200万元保额
		质子重离子,100万元保额
	可选责任	院外特药(可选),200万元保额
		恶性肿瘤-重度关爱金(可选),1万元保额
保费水平	30岁 & 有惠民保 & 无可选责任	176元
	30岁 & 无惠民保 & 无可选责任	220元
	30岁 & 有惠民保 & 有可选责任	222元
	30岁 & 无惠民保 & 有可选责任	266元

资料来源：根据公开资料整理。

2.两全保险+长期医疗险

2022年9月,中国太平洋人寿保险股份有限公司通过组合两全保险和费率可调长期防癌医疗险推出了市场首款满期给付的防癌医疗险,从产品吸引力上将消费者较为认可的医疗保障和返本属性相结合,同时由于引入返本责任提高了产品的件均保费,在重疾险萎靡的当下也能为代理人缓解销售医疗险佣金收入不足的困境（见表8）。

两全保险+长期医疗保险的组合受众群更倾向于对于返本需求旺盛的群体,如果对于价格的敏感度高于返本需求,则会倾向于购买消费型的医疗产品。此外,由于目前已形成了长期医疗险可以单独购买的市场格局和市场认知,对于"捆绑"两全保险的医疗险购买人群,除非存在一定的信息差,他们很容易选择市场上单独销售的长期医疗险产品。虽然这是一种对于供给端有利的产品设计思路,但是它生不逢时,并不能得到长足发展。如果费率可调型长期医疗险在中国市场

表8 "两全保险+长期医疗险"产品示例

产品名称	太平洋爱享金生(少儿版)	太平洋爱享金生(成人版)
主险	爱享金生(少儿版)两全保险	爱享金生(少儿版)两全保险
附加险	附加爱享金生恶性肿瘤(重度)医疗保险(费率可调)	
投保年龄	0~17周岁	18~60周岁
保险期间/交费期间	30年	20年/30年
保险金额	主险:主附险总保费 附加险:每年赔付限额400万元,保险期间累计限额1000万元	
责任范围	主险: 1. 身故/全残保险金; 2. 满期保险金:130%主附险已交保费	主险: 1. 身故/全残保险金; 2. 满期保险金:100%主附险已交保费
	附加险: 1. 恶性肿瘤(重度)医疗保险金; 2. 质子重离子医疗保险金; 3. 恶性肿瘤(重度)特定药品费用医疗保险金; 4. 细胞免疫疗法医疗保险金 附加险赔付比例:100%(公立三甲医院)/90%(二级及以上公立但非公立三甲),以社保身份投保未经社保赔付60% 附加险免赔额:0元	
保费水平(未发生调费情况下)	5岁男性首年保费:1089元	35岁男性首年保费(保险期间30年):1868元

资料来源:根据公开资料整理。

出现之初,各家公司都默契地采用"两全保险+长期医疗险"这种产品组合思路,充分利用长期医疗险的供应稀缺性,这种设计有可能成为近几年一种为保险公司贡献内含价值的优秀设计。

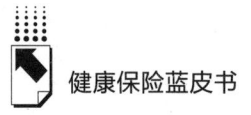

三 2021~2022年长护险和失能险演进趋势

（一）市场概况

截至2022年8月底，人身险原保费收入同比增长3%，其中寿险业务增幅为4%，健康险仅增长36亿元，增幅为1%。2022年市场加大投入储蓄型产品以支撑保费增长，在重疾险方面，随着代理人的进一步脱落，尽管保险公司加大投入，2022年重疾险的销量仍加速下滑，头部公司在2022年上半年重疾险新单保费总体下滑约50%，对重疾险的销售投入效果不佳。因此，市场亟须一种能够成长期定额给付、杂糅寿险责任、给予客户均衡保证费率的健康险出现，以弥补重疾险下滑造成的市场缺口。

长期护理保险和失能保险杠杆高、核保规则相对重疾险友好，与重疾险相比，其在某一个细分功能项下能够给予客户更加明确的需求导向：护理险符合对养老、护理有感知的客户的需求，失能险符合当代中产阶级对收入损失的保障需求；对于保险公司而言，长护和失能都属于长期交产品，保费贡献稳定，且组合两全保险销售可以贡献相对可观的利润。在重疾疲软的环境下，自2021年起，行业多家公司开始探索经营长期护理保险，2021年底合众人寿保险股份有限公司上市了安护优年护理保险，2022年1月中信保诚人寿保险有限公司上市了诚护未来护理保险，2022年5月华泰人寿保险股份有限公司上市了康护宝护理保险，2022年7月天安人寿保险股份有限公司上市了长护你护理保险，等等。随着一系列的产品落地，市场对此的关注度也越来越高，经营较好的公司，护理险销量可在一定程度上弥补重疾险销量的下滑。护理险正成为传统长期健康险的创新方向。失能险相对于护理险更符合年轻人的保障需求，华贵人寿保险股份有限公司于2022年9月上市了首款互联网专属的附加麦芽糖失能保险，作为主力定寿产品的附加险。

（二）产品设计趋势

在产品结构方面，2021~2022年，长期护理保险的设计主要有两类：一类是搭配两全的产品组合，两全主要提供保费返还的功能；另一类则是独立销售的纯消费型产品。组合两全保险的护理险销售难度更低，两全保险的生存金责任可以解决护理风险或有给付的问题。而独立型护理险的杠杆突出，能充分满足客户的护理保额需求，也相应需要代理人更了解护理险的产品需求启发。此外，也有一些搭配强储蓄性的年金或寿险销售的护理险，但这与现行的销售习惯、市场环境不够兼容。推荐护理险会延长客户的决策时间、增加交易的不确定性，比如护理险的核保规则比年金要严格，需要教育客户护理险的保障功能，因此，如果非必要，在储蓄保险和护理保险的销售组合下，代理人单讲储蓄保险而不推荐护理险是更稳妥的选择。

在保险期间设计方面，目前大多数护理险都已经支持将保险期间延长至终身，这一设计的原因是实务中长期的保障更符合客户需求，也更符合销售逻辑。护理险在给付期间方面大多是5年或10年，一般都不会超过10年，最主要是因为拉长给付期间就意味着客户要购买更高的保额，否则单期给付金额会比较低，难以满足客户需求。在责任设计方面，2021~2022年长护险主要有两大发展趋势：一是对护理状态进行了拓展，二是将长护和短护风险相结合。传统的护理险以ADL的不能完成作为护理状态的定义，近期的护理险将护理状态的定义从传统的ADL不能完成拓展到了心功能衰竭、肾功能衰竭和呼吸功能衰竭，并据此扩大了疾病保障范围。这一设计纳入了四五十岁高发的护理类疾病，贴合了护理险主力客群的即时保障需求。此外，护理险的保障责任从传统的长期护理延伸到了短期护理，触发条件是

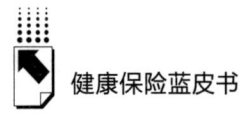

ICU的入住并实施特定的术式治疗。短护责任一方面填补了大多数长期护理状态在180天观察期内的保障缺失，另一方面也将护理险的保障层次由低频高损的长照托底拓展到了高频但相对低损的失能前干预。比如，一个脑中风的患者，ICU抢救之后尚达不到重疾险或者护理险的理赔要求（没有经历180天的失能观察），但是脑中风后的半年是黄金康复期，及时科学的康复治疗可以大幅降低后续失能的可能性。最新的护理险就可以在ICU内经历了一定术式治疗后，即可提供持续6个月的短期护理保障，客户可以用于支持后续的康复治疗，避免长期的后遗症。因为独立型护理险更强调产品的各项责任充实度和科学性，长短护结合的设计在独立型长期护理保险中更常见。

失能保险的保险期间为定期，主要保障工作阶段由疾病或者意外导致的收入损失，失能后的给付期间包括60个月和120个月。在产品设计方面，由于工作能力的丧失都是因为严重的疾病或者意外伤残，且为了保证工作能力丧失的认定标准足够客观、实务可操作且销售可以宣传，可以用疾病状态和意外伤残来拟合失能状态。华贵麦芽糖的失能定义就包括疾病失能和意外失能两类，疾病失能则是细分了人体多个部位的功能损伤进行定义，覆盖了心脏、神经系统、肾脏、呼吸、消化系统、运动功能和骨髓功能的特定损伤。失能险主要为工作阶段的定期保障，因此杠杆更高于护理险，且在规则方面失能险可以单独累计失能风险保额。相对友好的规则设计和费率水平，可以让产品主打年轻客户群的"百万保额"的概念。

四 健康险细分市场2021~2022年演进趋势

过去的一年，寿险市场发生了剧烈变化，增额终身寿成为主力险种，重疾险、医疗险等传统健康险面临的下行压力仍旧较大，在规模市场之外，许多既往不受重视的"边缘""小众"产品，因为其在补充产品体系、促进销售层面发挥的辅助作用，逐步受到保险公司和销售平台的关注，并且诞生了许多新的销售场景、保障模式。

（一）带病体保险

保障带病体不是新的概念，在健康险快速增长的时期，带病体客群就已被有限度地纳入承保范围。但无论是加费、除外还是其他附带条件的承保设计，承保带病体主要还是从销售支持角度出发的，其所带来的"核保宽松"也是产品在行业竞争下的附加价值，在一定程度上可以塑造产品吸引力。但基于带病风险和销售效率的考虑，除了少数与疾病管理服务结合的尝试，保险公司的重点还是落在了健康体客群。

然而在当前常规重疾险和医疗险发展趋向饱和、健康体保险进入存量市场的背景下，保费增量压力促使保险公司去寻找新的客群，加之惠民保模式对于传统商保的冲击，带病体专属保险产品的开发在近一两年中呈现出井喷的态势，早前保险公司对于风险的抗拒也被逐步置之脑后。带病体是一个复杂的命题，结合不同保险公司的风险偏好、营销需求，呈现出多样化的形态方案，涵盖重疾、医疗等产品类型。

1. 成熟的带病体产品

慢病医疗险、专病保险属于"翻旧账"的产品，但得益于大型保险公司的入局，这类产品在行业中重新获得了关注。

慢病人群专属的百万医疗险是保险公司的首选，根植于"百万医疗"这一产品体系，可以降低代理人和客户的教育推广成本，且医疗风险比疾病确诊给付风险更为可控，因此，体量大、风险偏好较为保守的保险公司主要在这一领域发力，平安e生保特定慢病版、太平超e保2021（慢病版）、太保家安芯、友邦智选康惠等产品在近一两年陆续上市或升级。

上述慢病的概念集中在三高、结节、肝肾疾病，相对于百万医疗险进一步拓宽了承保边界，但拓宽的承保边界仍旧有限，且"广谱"的慢病概念也带来了更复杂的承保规则，这也使得现有的慢病医疗险难以满足行业对于带病体潜在规模的期待。在形态设计上，为了维持费率水平的稳定以及控制承保风险敞口，慢病百万医疗险通常会在免赔额和赔付比例方面有所缩水。

除此之外，专病保险作为保障效率更高的险种，也受到保险公司的关注。因为带病体的情况更为复杂，疾病谱与健康人群存在结构性差异，慢病人群更关注当前疾病进展后的风险，而重疾人群更关注自身的可保性和复发风险，专病保险就适应了相应的保障逻辑。三高并发症、肾病并发症等保障，以及发展了多年的乳腺癌复发保险，重新被纳入了各家保险公司的开发清单。

2. 具有突破性的风险

相对于寿险公司，财险公司的风险偏好会更加激进，并且在过去一年针对带病人群打造了一些具有突破性的带病体保险。

水滴商城上市的两款蓝海系列重疾险，分别由中华联合财产保险股份有限公司、永安财产保险股份有限公司承接，强调没有健康告知，既往症人群可保不可赔，通过理赔端的运营能力把投保端的门槛降到最低。泰康在线推出的好效保·全能卫士，也是允许重疾后人群可保，但是在产品设计上通过重疾分组，将与投保人群患病情况相关性较高的重疾组"除外"，缓解了理赔端的压力。

这些产品是将惠民保"可保不可赔"承保模式运用于传统商业健康险的新尝试，但惠民保是基于特殊的业务场景实现的：一是惠民保的普惠定位囊括了大量健康体，可以对冲带病体承保带来的逆选择，而商业健康险将承保政策优化到极致，反而会吸引大量逆选择；二是政府为惠民保业务提供了医保数据支持，能够更好地为客户打好健康状况的标签，从而避免烦琐的理赔调查和理赔纠纷。因此，该类具有突破性的商业健康险，在后端的运营效果及经验值得行业关注。

3. 中老年产品

上文提到，带病体保险纳入的群体可能难以满足保险公司对于规模的期待，其中一个原因在于带病体人群更集中于50周岁以上的中老年阶段，因此带病体保障的承保本质不仅考虑原有0~60周岁年龄段的风险敞口，还需要考虑年龄与带病状态的匹配，拓展至合适的承保年龄。老年健康险的产品思路就应运而生了，除了既往的老年防癌险、老年意外险外，目前市场上主要有两种针对老年人群的保障思路。

一种是基于老年防癌医疗的框架，向被保险人提供体检服务，通过体检结果的判定对人群进行不同程度的保障升级，囊括①不限疾病或涵盖除外条件的住院医疗、②不允许升级或升级为意外相关责任。这类产品在代理人渠道和互联网渠道都广泛地铺开，如中信保诚人寿保险有限公司的"安然无忧"中老年医疗。

另一种是直接将百万医疗拓展到高龄段，但是对于前端销售进行引导以管控逆选择风险，如泰康人寿保险股份有限公司老年产品的附加医佳保（长寿版），针对40~79岁的中老年人开放投保，但主要面向"爱家之约"或具有重疾险/年金险的客群推动。

带病体保险在当前行业环境下受到追捧，但未来能否真正满足保险公司、客户、代理人/平台的多方需求，还需要靠时间来检验。

（二）消费型医疗

以"互联网门诊险"为代表的消费医疗险市场在过去一年中颇受保险公司关注，与传统保险控赔的运营思路不同，保险公司在该类产品中承担的是消费医疗资源流通功能，因此可以接受赔付的发生，并提供部分保障杠杆。从战略层面来看，消费医疗险是保险公司与医疗医药产业在整合互通的过程中萌发出的创新支付模式，对于营销的促进价值也是保险行业青睐此类业务的原因。我们将现有的消费医疗业务简单总结为两个场景。

1. 线上用药场景

互联网门诊医疗险作为药品流通商主导的险种，其运用场景逐步向慢病领域延伸。安盛天平财产保险有限公司的互联网门诊慢病版纳入了35种慢病原研药的保障，提供了50%的赔付比例，是目前市场提供原研药折扣最高的产品之一。

众安在线财产保险股份有限公司"安唐保"、阳光财产保险股份有限公司"血糖保"都为糖尿病人群提供了专属保障。前者融合了阿里健康、慧医天下的三方合作，重点强调了"慢病管理"，以服务为依托，提供降糖药品供给；后者则是将血糖仪、血糖试纸、降糖药等消费医疗资源整合，形成完整的糖尿病人群的保障。

2. 线下就诊场景

在互联网门诊医疗险之外，齿科保险在消费医疗领域大有普及之势，其中普及度最高的齿科产品是标价为588元的标准化产品，在多家保险公司和平台上线，保险公司如平安健康、招商仁和、人保寿险，平台如微保、蚂蚁保。588元形态中涵盖保健治疗、基础治疗、复杂治疗、意外治疗，保障范围全面，运营也较为成熟，是当前齿科产品的首选。

在基础的齿科服务之上，齿科保障也拓展到了种植牙领域，但由于各地种植牙治疗水平的差异，主要是在区域化的营销场景下推广。

除齿科治疗领域外，眼科保险也逐步进入大众视野。众安在线推出688元的"明目保"，对近视进展、OK镜、其他框架式眼镜提供相应保障和折扣，无论是否近视，只要近视度数不超600度，都可以提供近视防控服务。

消费医疗有其特殊性，它所满足的需求是相对分散的，一款产品仅针对或门诊购药、或口腔治疗、或配镜的单一场景需求，难以作为通用产品在全人群范围进行推广。未来，消费医疗可能会更倾向于作为传统重疾、医疗产品的可选计划或附属责任，以更加灵活的方式满足客户差异化的保障需求。

（三）场景化营销

随着我国人口红利的消失、新一代客群的成长，代理人与客户群体呈现出结构化的差异，新兴客群和旧有销售模式的碰撞，将使得带有"国民""网红"概念的保险产品在未来难以大规模复制。一言以蔽之，具有属地化、圈层化特征的保险产品或场景是未来营销人员的发力重点。

1. 惠民保客户二次开发

惠民保为保险公司贡献了巨量的潜在客群，对于这部分客群的开发、转化是惠民保业务的核心价值。惠民保的营销场景是天然的，但也存在一定的问题，惠民保对其他健康险的替代效应，使得专业能力不足的代理人难以向客户解释加保的意义。因此，在惠民保二开产品的设计上，需要与惠民保保障做出差异化或衔接补充。

- 特定疾病定额给付："北京京惠保"的二开产品"爱她保"，补充女性特定癌症的保障，定额给付的形态与惠民保医疗报销不冲突。
- 补充惠民保自费保障缺失："湛江市民保"的二开产品"湛江自费无忧"将社保外自费费用纳入保障范围，与仅保障自付费用的惠民保互为补充。

2. 特定患者场景

专病保险发展得如火如荼，但由于代理人专业能力的缺失、专病客群难以触达，保费规模难达预期。各家保险公司逐步开始重视特定疾病患者的获取，患者群、患者论坛、重疾理赔客户都成为保险公司的获客来源，由此出现了保障乳腺癌、结直肠癌复发的保险产品，泰

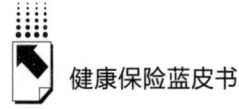

康在线"好效保"更是对于重疾患者运营的典型代表;同时,对于保险公司重疾理赔的客户,也正在依托经过专业化培训的代理人团队进行转化和运营,以期获取更高的营销效率。

3. 特定职业场景

在新业态、新市民的保障需求下,市场对于特定的职业身份也提供了相应的营销场景。

·快递员专属保险:中邮人寿保险股份有限公司发布的"邮侠e路保"不仅为快递员提供了意外身故、意外医疗、意外ICU津贴等基础保险责任,并拓展新冠身故、伤残责任。同时,针对快递行业工作节奏快,在诸如"双11""618"等业务激增的高峰期提供额外保障。

·护士专属保险:中国健康促进基金会、太平财产保险有限公司等单位专为护士群体设计的专属保险计划,以防癌医疗为基础,扩展了护士群体的高发癌症、外派支援公共卫生事件期间/支援抢险救灾期间的意外风险、执业期间面临的职业暴露感染风险等保障。

·惠军保百万保障版:中国人寿财产保险股份有限公司等险企携手开发的面向退役军人及其家属的专属保障,提供最高到70周岁的百万医疗保障,同时拓展了癌症特药、CAR-T保障,在承保政策上对于高血压等常见慢病也有所放宽。

无论是传统产品的改造,还是新产品、新模式的探索,我们可以发现,细分市场中的健康险发展是在客群选择、营销场景匹配、保险保障供给等方面更加强调"专属""精准",通过标签化、个性化的运营方式撬动小众市场需求。

总　结

2022年是中国健康险市场相对暗淡的一年,寿险行业跨越了人口红利期，进入了后红利时代，健康险市场增速放缓，并呈现出几个特征。第一，寿险行业的产品结构发生了剧烈变化，增额终身寿险成为主要险种，重疾险及其他健康险销售疲软，健康险需求被惠民保业务挤占。第二，健康险覆盖率达到新阶段，重疾险4亿保单、百万医疗险和惠民保各1亿多保单。第三，消费者需求发生较大变化，以"90后"为代表的新消费群体的保险保障意识增强，并且这个时代的信息壁垒被打破，他们有能力并且有渠道进行产品研究和对比，对于自身需求也具有较高认知。第四，健康险的产品供给类型并没有发生较大变化，仍是以重疾险和医疗险为主，护理险和失能险供给严重不足。在这样一个行业发展阶段，我们依然坚定地认为健康险对于人身险公司的经营非常重要，它相比于其他金融产品排他性地提供健康保障，并形成人身险公司有别于其他金融机构的天然壁垒。

基于当前的人身险市场格局，我们认为未来健康险市场产品会进一步向"M型"进行分化。代理人数量持续下降，留存下来的代理人向高端客群聚拢；以惠民保为代表的政商融合型保险在普惠市场继续发展并影响其他商业医疗险的生长环境；互联网渠道暂未探索出更好的发展路径；团险渠道在中国不会上演美国职域渠道的繁荣；银保渠道天然不适合健康险的销售……这些渠道现状会使得定位为普惠险种的政商融合型医疗保险产品和定位于高端客群的高端医疗保险产品会得到充分发展，而面向中端人群的中间产品（以重疾险和百万医疗险为主）发展空间被压缩，这使得健康险的市场前景会被进一步压缩。在此阶段，我们应该摒弃"流量产品"的思路，更多关注基于客户需求的健康险产品体系的搭建，在每个客户需求项下，为客户找到一个保障效率的最优解，这样健康保险才能穿越当前的阴霾，创造更大的发展空间。

B.3
保险业健康管理服务应用调查报告

李 峥 万广圣 李昕禾 施毓凤 濮桂萍*

摘 要： 健康保险与健康管理服务的融合，成为近年来业界关注的重点问题之一。本报告为保险业健康管理服务应用情况的追踪调查，通过对保险业开展健康管理服务的现状、问题及发展趋势的持续调查，结论如下：保险公司无论是从内部发展驱动，还是从外部顾客需求和市场竞争需要，均重视健康管理服务；在现阶段健康管理产业支撑力不足、寿险公司初涉健康管理领域经验不足的情况下，健康管理服务的筛选、提供、融合和健康服务平台的建设仍是保险业面临的发展挑战。

关键词： 健康保险 健康管理服务 健康产业

健康保险要实现保障健康的价值功能，就需要实现从风险转移、医疗支付等初级功能向健康风险管理功能升级转变，推动"保险+

---

* 李峥，中再寿险产融创新事业部高级核保师；万广圣，上海健康医学院护理与健康管理学院副教授，研究方向为健康保险与健康管理；李昕禾，中再寿险产融创新事业部经理助理；施毓凤，上海健康医学院护理与健康管理学院副教授，研究方向为健康保险；濮桂萍，上海健康医学院护理与健康管理学院讲师，研究方向为健康保险。

健康管理"的融合发展。① 目前，我国健康保险业开展的健康管理服务还处于发展的初级阶段，尚未形成较为成熟的服务模式。因此，监管部门也在积极引导行业完善健康管理服务，例如，2019年银保监会发布的新版《健康保险管理办法》明确鼓励保险公司提供健康管理服务，降低人民健康风险与疾病损失；2020年银保监会发布《关于规范保险公司健康管理服务的通知》，对保险公司开展健康管理服务的类型、费用成本占比、服务队伍建设等方面进行了规范；此后，中国保险行业协会发布《保险业健康管理标准体系建设指南》，列出了90多项健康管理应用项目供保险业应用参考。

健康管理服务已经成为以健康保险为核心的健康产业中不可或缺的组成部分，但是健康保险与健康管理的融合发展深度还不够，② 尚未完全形成有效的协同发展态势。例如，保险业利用健康管理服务还是围绕产品营销的增值服务、增强顾客黏性等目的③；健康保险客户对产品认知不够，不清楚提供健康管理服务内容，顾客获得感低，造成服务资源浪费等④。因此，积极探索健康保险业对健康管理服务应用问题，能够有效促进两者的深度融合，实现两者的协同发展，这对实现"医疗保障"向"健康保障"的转型具有积极意义。

鉴于此，本报告通过持续追踪调查，关注健康保险业融入健康管理服务的发展现状与动态趋势，以期为保险业更高质量发展提供参考。

---

① 朱爱华：《健康管理推动健康保险双轨运营转型》，《中国保险》2022年第8期。
② 房文彬：《健康保险与健康管理融合发展须真正破题》，《中国银行保险报》2022年8月22日。
③ 谭曲鸿、刘方涛、刘杰：《从商业健康保险角度看企业健康管理》，《保险理论与实践》2022年第1期。
④ 宋占军、李钰：《保险公司健康管理的国际探索与中国实践》，《中国保险》2022年第8期。

一 调查目的

本调查为健康保险公司提供健康管理服务的持续追踪调查。在上一年度报告中对寿险业使用健康管理服务基本情况进行初步调查的基础上,延续初始研究设计,重点从发展变化角度去了解保险业开展健康管理服务的基本情况,例如,健康管理服务提供、成本投入、推送渠道、平台建设等,同时,增加环境变化对保险业健康管理服务影响的相关问题调查。通过对保险业健康管理服务应用的追踪调查,旨在动态监测健康保险业提供产品与健康管理服务融合的变化趋势,以期为健康保险业的产业升级发展提供有价值的参考。

二 调查对象

本年度调查由中国人寿再保险有限责任公司完成数据采集工作,调查时间为2022年9月,共计采集了国内27家经营健康保险业务的寿险公司和健康险公司。从被调查公司的保费收入排名看,排名第1~10位的公司6家,排名第11~30位的公司8家,排名第31~50位的公司7家,排名第51~80位的公司6家。从被调查公司的性质看,国有全资企业1家,国有控股企业8家,中外合资企业4家,民营企业14家。从公司主营业务看,主营业务覆盖财险、人寿保险等综合性业务的企业1家;其余26家机构是以人寿保险为主的专业性保险企业,业务范围覆盖人寿保险、健康保险、意外伤害保险等。从公司设立时间看,主要以2000年以后设立的公司为主(见图1)。同时,本报告还参照了前两期的调查数据,包括2021年度调查样本为29家经营健康险业务的直保公司,2020年度调查样本为24家经营健康保险业务的直保公司。

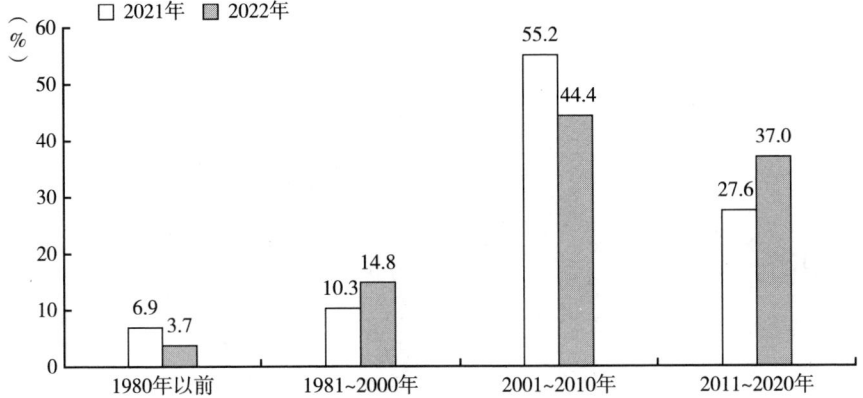

图1 2021年、2022年被调查保险公司设立时间分布情况

三 调查结果

（一）健康管理服务提供的缘由及服务内容

健康保险公司提供健康管理服务的动力源自多方面，对保险业提供服务的持续调查结果显示，相比于上一年度，各方面的动力均呈现出明显的上升趋势。其中，92.6%的被调查保险公司反馈提供健康管理服务的动力来自客户的实际需要，也有70.4%的被调查保险公司指出来自竞争对手的压力是迫使公司提供相关服务的动力（见图2）。对比两年的数据不难发现，公司提供健康管理服务的动力来源是全方位的，不仅缘于顾客需求、市场竞争，保险公司自身也逐步意识到提供健康管理服务的重要性，例如，被调查单位中反馈"领导提议""企业自发"提供健康管理服务的数量占比有了10%左右的上升。由此可见，健康保险产品融入健康管理服务是企业内部、外部环境共同推动的结果。

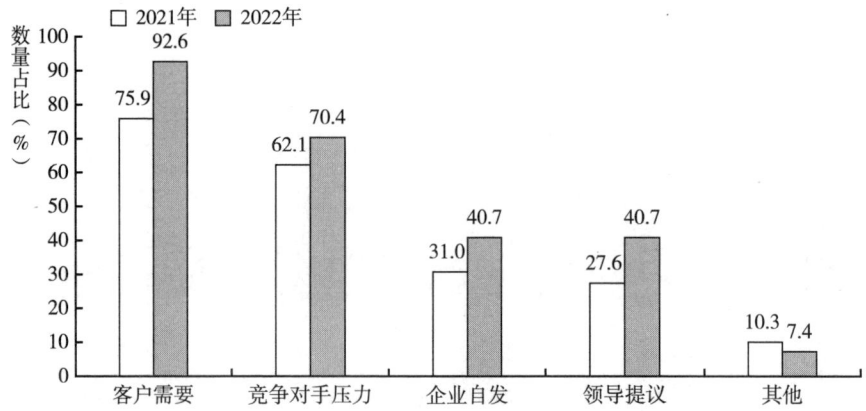

图 2　2021 年、2022 年健康保险公司提供健康管理服务的缘由

延续上一年度调研设计，本年度调查继续对保险公司提供健康管理服务类型进行了区分，仍分为 A 类健康管理核心服务和 B 类健康管理外延服务。其中，A 类服务主要是围绕健康检测、评估、咨询、干预等提升人群健康水平，减少大病就诊的相关服务；B 类服务主要是围绕便捷就医、快捷支付、折扣消费等提升人群健康保健、就诊体验感，辅助保单销售的服务。

数据结果显示，在 A 类健康管理服务中，在线医生、专业健康状态评估、健康生活方式管理是 2022 年度中各个保险公司提供最多的服务。对比 2021 年度数据发现，A 类健康管理服务中，除了上述三种服务有了大幅度提升外，居家护理、慢性病管理也是上升较大的提供服务类别（见图 3）。

在 B 类健康管理服务中，便捷就医、医疗费用（垫付、医院直付网络）相关、多维诊断等是 2022 年度中提供最多的服务类型。对比 2021 年度数据发现，医疗费用相关（垫付、医院直付网络）有了较大幅度增加，而海外医疗服务有了大幅的降低（见图 4）。

从上述两类服务的提供情况看，一方面，保险公司也在积极调整

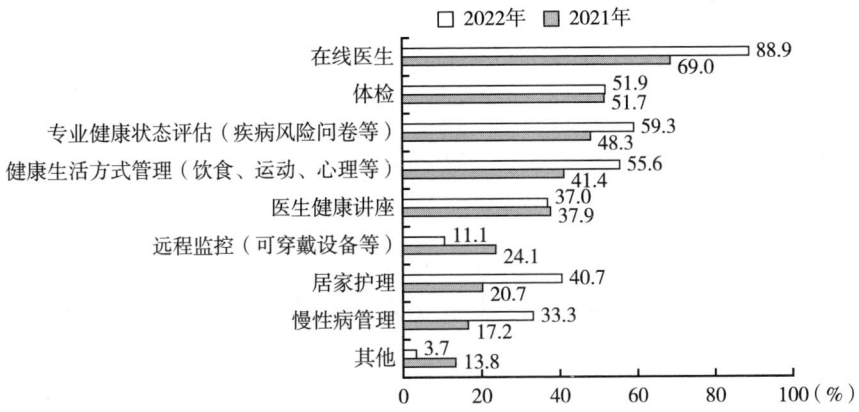

图 3　2021 年、2022 年提供 A 类健康管理服务的保险公司数量占被调查总数百分比

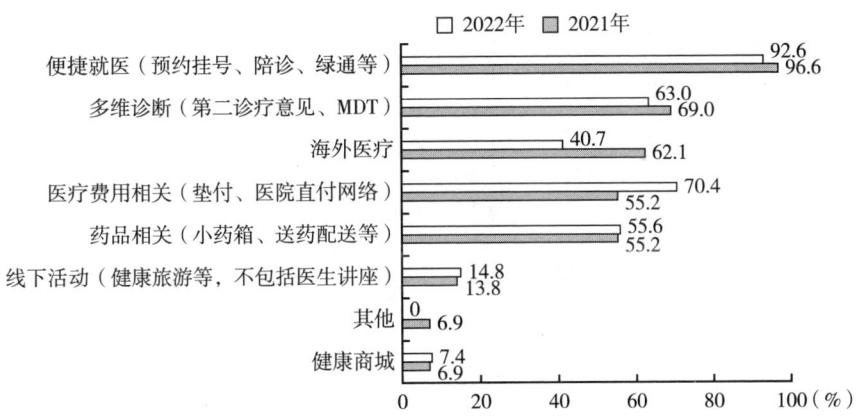

图 4　2021 年、2022 年提供 B 类健康管理服务的保险公司数量占被调查总数百分比

业务，越来越关注健康管理核心服务的提供，例如，专业健康状态评估、健康生活方式管理、居家护理、慢性病管理等；另一方面，受社会大环境影响，特别是近两年的新冠疫情冲击，保险公司也进行了积极应对，例如，大幅度提升在线医生、医疗费用直付网络的比例，与此同时，大幅度减少海外医疗服务等。

从嵌入健康管理服务的保险产品类型分布情况看，重疾险、医疗险仍是2022年度各个保险公司嵌入服务最多的保险产品。对比2021年度数据，在A类服务中，重疾险、医疗险、特病险中嵌入服务的公司数量比例变化不大，但是在护理险、寿险中嵌入服务的比例略有上升，而特药险中嵌入服务的比例略有下降；在B类服务中，医疗险、特药险、护理险中嵌入服务的比例有一定程度的上升，而在重疾险、寿险、意外险中嵌入服务的比例略有下降（见图5）。

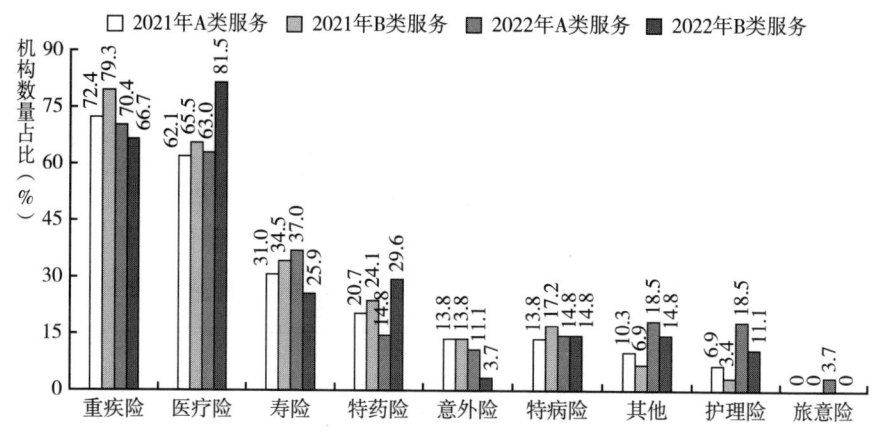

图5 2021年、2022年嵌入A、B两类健康管理服务的业务类型分布及变化

从提供健康管理服务对保险公司经营绩效的价值来看，2022年度数据显示，辅助销售、增加客户黏性仍是各个健康保险公司认为的健康管理服务给公司带来的最大价值。对比2021年度数据发现，树立公司"大健康"产业形象、控制赔付率、增加客户黏性这三个方面的价值认同是上升最快的选项（见图6）。由此可见，健康保险公

司目前虽然仍将健康管理服务作为产品销售的重要辅助手段，但对健康管理服务价值、风控价值等方面的看法正在逐步发生变化。而且，上述变化也体现出了保险公司正在逐步布局大健康产业的战略意图，例如，树立公司"大健康"产业形象是上升最快的被认为是健康管理服务对保险公司经营绩效的价值。

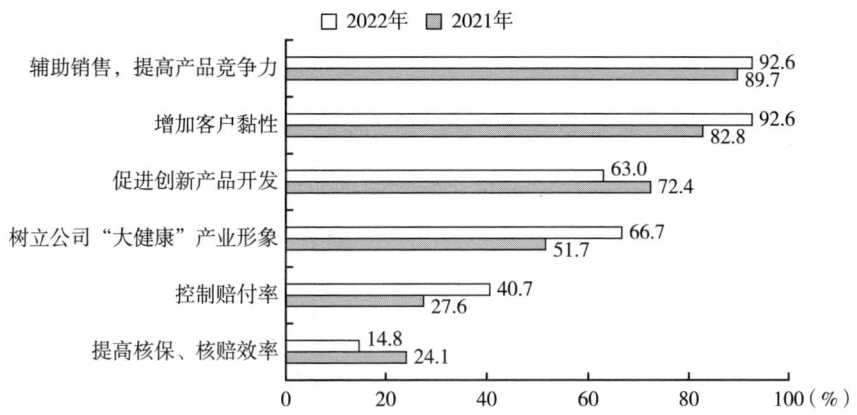

图6　2021年、2022年健康管理服务对健康保险公司经营绩效的价值

（二）健康管理服务选购决策与服务供给

从健康管理服务选购的决策部门看，2022年度相比于2021年度数据总体略有变化，主要体现在如下方面：选项中"其他"部门、运营部、市场部、精算部的比例有所上升，而健康管理部、产品部、客户服务服和销售部的比例略有下降（见图7）。

在销售渠道上，相比于2021年数据，2022年的调查结果显示，个险、银保、经代渠道是各个公司提供健康管理服务上升较大的销售渠道，其中，2022年中96.3%的被调查公司均使用了个险渠道来提供服务（见图8）。从健康管理服务的实际售卖或使用形式看，作为保险产品售卖的促销手段"赠送"仍是最主要的形

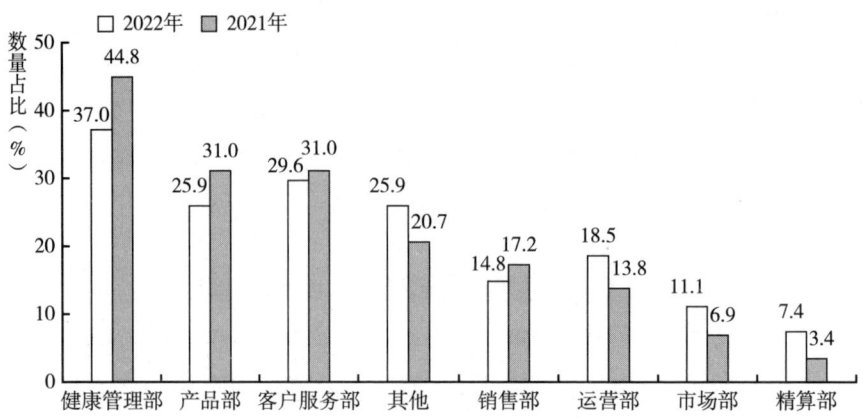

图7　2021年、2022年健康管理服务的选购决策部门对比

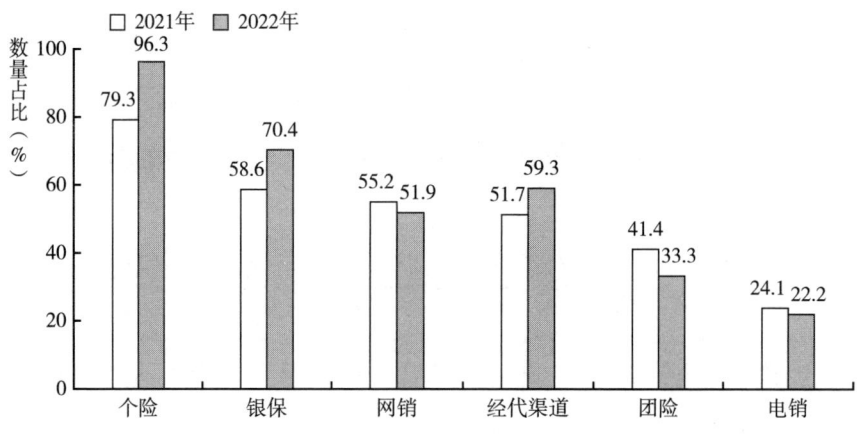

图8　2021年、2022年健康保险公司提供健康管理服务的销售渠道

式(见图9),但必须关注的是,保险公司使用健康委托管理合同形式来售卖健康管理服务的比例有较大上升,说明保险公司在逐步关注健康管理服务对公司绩效价值的重要性,开始提供委托健康管理服务。

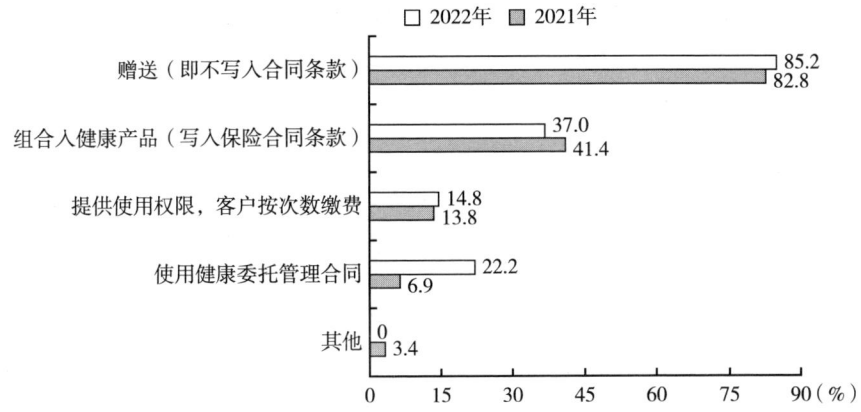

图 9　2021 年、2022 年健康管理服务的主要售卖形式

（三）健康管理服务成本

从健康管理服务投入角度看，2022年度各个保险公司的实际投入差异仍较大。在被调查的27家保险公司中，有20家公司提供了投入总费用数据，结果显示，总投入在50万元及以下的公司为9家，总投入在51万元至100万元之间的公司为3家，101万元至500万元之间的公司为5家，500万元以上的公司为3家，这与2021年度调研获得的拟采购服务的费用投入计划差异不大。其中，14家公司反馈的数据表明，采购健康管理服务费用80%以上仍以赠送形式用于提供给参保人。同时，保险公司在2022年度计划投入采购健康管理服务总费用上，与2021年度实际投入数额总体差异不大，仅有8家公司的计划投入略微有上升。

从健康管理服务的件均成本看，在重大疾病保险产品上，2022年度与2021年度的成本差异并不明显；在百万医疗保险产品上，与2021年度的成本数据相比，2022年度健康管理服务件均成本有略微提高的趋势（见表1）。

表1 2021年、2022年重大疾病产品和百万医疗产品件均健康管理服务成本占比情况

单位：%

选项	重大疾病险			百万医疗产品		
	2022年	2021年	2020年	2022年	2021年	2020年
0~10元	11	17	28	22	31	25
11~20元	15	21	32	37	34	37
21~50元	37	38	16	4	14	4
51~100元	11	10	4	11	4	4
100元以上	7	7	16	0	0	17
无此类产品或无法计算	19	7	4	26	17	13
合计	100	100	100	100	100	100

（四）健康管理服务平台建设

服务平台是保险公司提供健康管理服务的基础，2022年度调查中询问了被调查公司对健康管理服务平台可以解决问题的看法。结果显示，各个被调查保险公司对健康管理服务平台的认可度较高，认为平台可以为客户提供标准化服务流程、积累客户健康数据、增加客户对保险产品的体验和感受的比例均超过80%（见图10）。从目前各公司使用健康管理服务平台的来源分布看，自主开发已成为近50%的公司的首选。另外，通过再保险公司提供、中介公司提供健康管理平台的比例也有一定程度的上升（见图11），说明伴随着健康管理服务的多样化、专业化趋势，服务的平台化也呈现出多源形态。从健康管理平台使用的展示形式看，微信公众号仍然是各个公司最为常用的展示形式（见图12）。

在利用健康管理服务平台提供服务的过程中，困扰保险公司业务推广的困难仍未消除。例如，2022年度数据显示，服务本身使用率低、健康服务同质性高、公司服务推广效果差等仍是保险公司遇到的最主要困难。对比2021年度数据发现，认为服务推广效果差、运营费时费力的公司比例上升较大，服务本身使用率低、公司

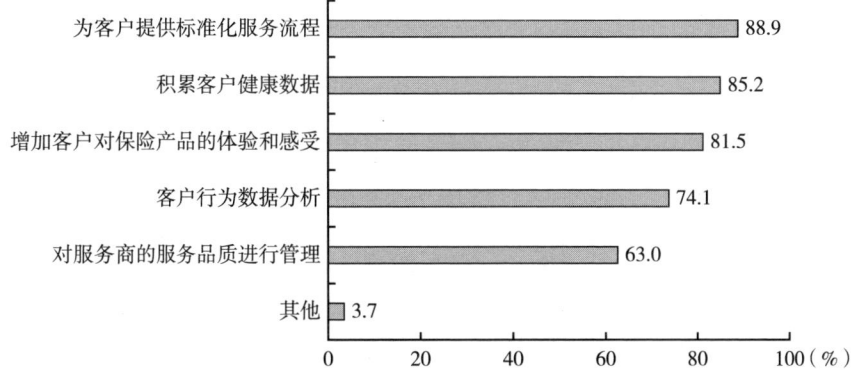

图 10　2022 年健康保险公司认为健康管理平台可以解决的问题

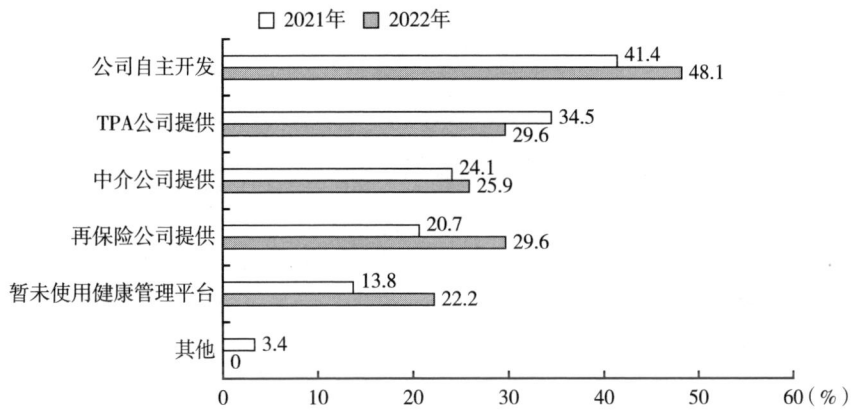

图 11　2021 年、2022 年保险公司健康管理服务平台使用来源分布

缺少服务集成展示平台的公司比例略有下降（见图 13）。上述结果说明，伴随行业对健康管理服务的重视，越来越多的保险公司开始关注服务平台建设与服务项目提供，但同时也发现提供健康管理服务与运营健康管理服务平台需要专业化团队。虽然保险公司自建平台的比例在大幅增长，但专业化的运营团队建设，特别是专业化健康管理服务项目开发、服务提供的团队建设，并不是短期内就能解决的关键问题。同时，从外部环境看，支撑健康保险业发展的健康

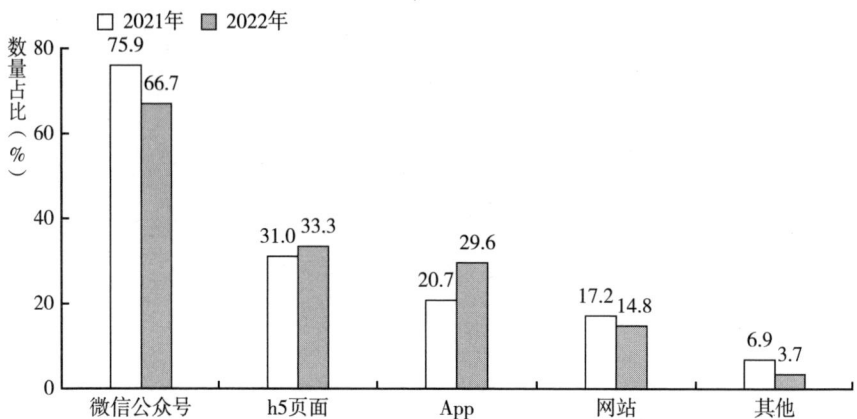

图12　2021年、2022年保险公司健康管理服务平台使用展示形式

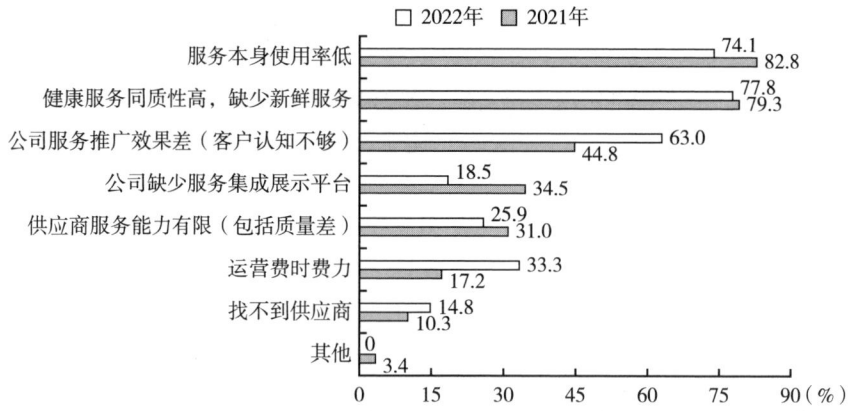

图13　2021年、2022年保险公司提供健康管理服务中遇到的困难

管理服务产业并未形成高效的产业生态系统,保险公司能够从健康管理服务产业中借力发展自身业务的程度也非常有限。因此,在外部支撑环境不足、内部需要不断积累健康管理服务运营能力的共同作用下,保险公司认为在提供健康管理服务中的服务推广效果差、运营费时费力的困难也就不足为奇,这是一个健康保险产业升级与完善过程中需要经历的发展阶段,也意味着保险行业或将与相关行业展开更多的融合。

(五)健康保险产品开发投入

对未来两年内的健康保险产品创新看法,调查结果显示,带病体健康险、长期护理险、含生活方式管理的健康险是被看好的新产品业务。从发展变化趋势看,长期护理险和含生活方式管理的健康险,是相比于2021年度增长较快的被看好业务创新产品(见图14)。同时,在2022年度调查中,询问了被调查单位对最愿意增加研发和健康服务投入的产品类型的看法,结果显示,慢病管理型医疗险是77.8%的被调查对象最愿意投入开发的产品(见图15)。

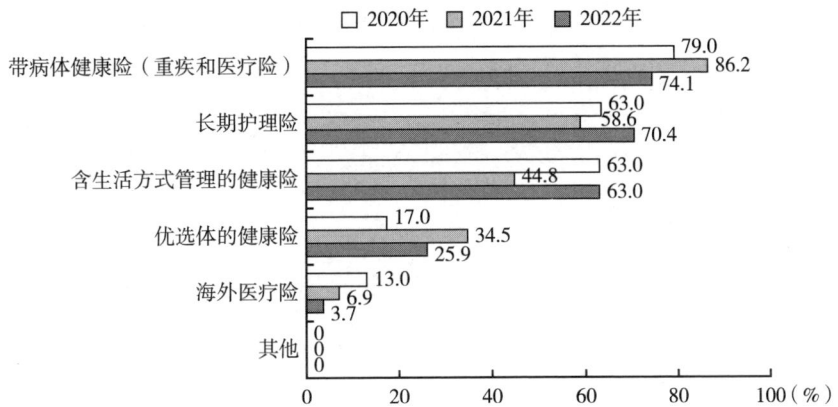

图14 2020年、2021年和2022年保险公司新产品业务占比变化情况

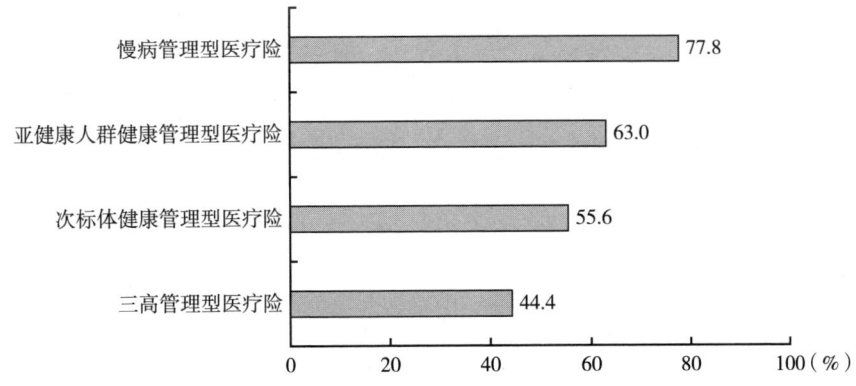

图15 2022年保险公司最愿意增加研发和健康服务投入的产品类型

（六）外部环境对健康管理服务的影响

在2022年度的调查中，询问了被调查公司受行业政策与管理规范、社会大环境影响的相关情况。其中，行业政策与管理规范的影响询问了2020年银保监会83号文《关于规范保险公司健康管理服务的通知》发布后对保险公司相关业务的影响。结果表明，影响最大的是公司需要定期向相关监管部门报送健康管理业务开展情况。同时，超过半数的被调查公司也反馈上述文件的发布对自身健康管理团队、平台建设以及服务成本控制产生了影响（见图16）。此外，近年来的疫情也对保险业健康管理服务使用情况产生了影响。例如，询问被调查公司"新冠疫情背景下，贵公司觉得有哪些健康服务的使用频次明显增加了"，结果显示，在线医生的使用频次增加最为显著（见图17）。

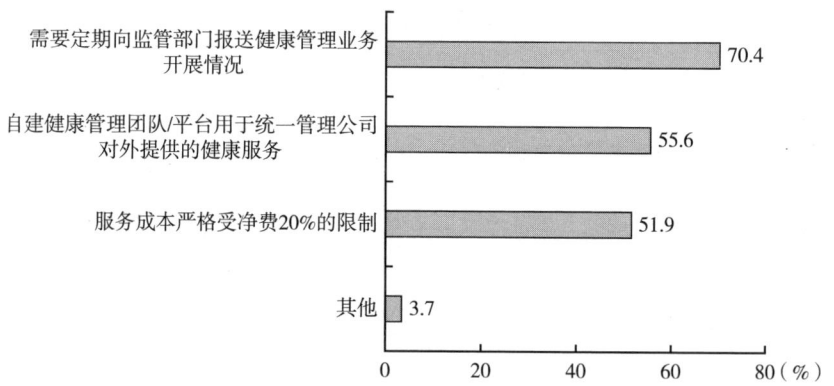

图16 2022年政策文件对保险公司健康管理服务业务工作的影响

四 调查结论

本报告是延续2020年度、2021年度对健康保险企业应用健康管

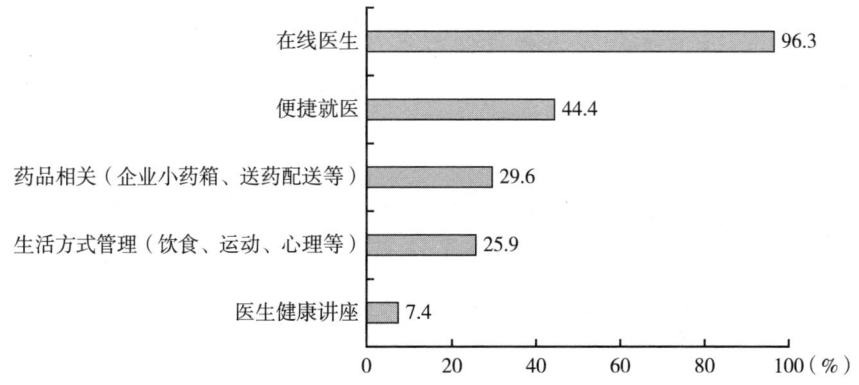

图 17　2022 年新冠疫情对健康服务使用的影响

理服务调查的追踪调查结果，目的在于描绘健康保险业对健康管理服务应用现状及发展变化趋势，为行业在推动健康保险与健康管理融合上提供借鉴。2022年度完成对27家健康保险直保公司的调查，并结合前两年度的调查数据，初步得出如下主要结论。

第一，健康管理服务在健康保险业中的应用虽仍处于初步探索阶段，但变化趋势已经体现出行业发展动向。无论从保险公司内部自发或高层重视，还是从外部顾客需求、市场竞争需要来看，对保险融入健康管理服务的需求迫切性加强。从具体健康管理服务业务上看，保险公司应用核心健康管理服务的比例有所提升。此外，健康保险服务的采购决策与健康管理服务提供运营的专业化分工也在保险公司内逐步显现。可以预测，在未来几年内，健康保险公司对专业化的健康管理服务团队、整合型的健康管理服务平台需求会越来越强烈。

第二，健康管理服务对保险公司经营绩效价值的看法上，保险公司虽仍将其视为产品销售的主要辅助手段，但是在对增加顾客黏性、控制赔付率、树立"大健康"产业形象上的态度转变较大。这表明，健康保险公司已经逐步开始发现并重视健康管理服务的核心价值功能。需要关注的是,现阶段受到保险公司自身健康管理服务专业化运行能力不高、健康管理服务产业支撑不足的双重制约,保险公司提供健康管理服务的过程中依旧面临诸如服务推广效果差、运营费时费力等困难。

第三,健康管理服务平台建设对保险公司的价值得到保险公司的认可,在外部健康管理服务生态系统尚未建立的情况下,保险公司自主建设平台对其积极布局大健康产业发展具有重要的战略价值。寿险公司应利用自身特点和偏好,积极开展多层次、专业化、整合型健康管理服务平台建设,创新健康管理服务,展示专业健康服务能力,推动产业高质量发展。

第四,从保险公司对未来健康保险产品创新发展预期看,对健康管理服务的融入有较高要求。诸如长期护理保险、含生活方式管理的健康险等是被看好的创新产品,这些都对保险公司的健康管理服务能力提出了要求。倘若保险公司能够在未来发展中提升健康管理服务能力,将会在上述产品的市场竞争中形成独特的竞争优势。

总体看来,现阶段健康保险业在健康管理服务融入方面还有待进一步加强,保险行业在健康管理核心环节链条上的服务能力还需要继续构建与完善。商业健康保险公司应将自身发展置于我国多层次医疗保障制度体系建设框架下,明确我国社会制度环境下的商业健康保险公司社会责任,抓住市场发展机遇,通过提供多元化的健康保险+健康管理服务来达到公司发展与社会价值实现的双重目标。

B.4
参保人健康管理服务需求调查报告

万广圣 冯华 胡盛峰 濮桂萍 李峥*

摘　要： 本调查报告从需求侧角度探究参保人对保险公司健康管理服务需求问题，分析参保人对现阶段保险公司提供健康管理服务的评价、自身实际健康管理服务需求等问题。调查结果发现，参保人对健康保险的复合价值功能要求逐步凸显；现阶段商业健康保险参保人以健康人群为主，对健康管理服务需求多集中在健康监测服务上；保险公司需要进一步优化提供服务项目及质量，提升参保人对健康管理服务的满意评价。构建服务平台，推广数字化健康管理，有望能高效推动健康保险与健康管理的融合。

关键词： 健康保险　健康管理服务　保险公司

对保险业健康管理服务应用调查报告显示，保险公司提供健康管理服务的最大动力来源是顾客需要。伴随着客户风险意识的增

---

* 万广圣，上海健康医学院护理与健康管理学院副教授，研究方向为健康管理与健康保险；冯华，瑞华健康保险股份有限公司副总裁；胡盛峰，中国人寿保险股份有限公司上海市分公司健康保险事业部总经理；濮桂萍，上海健康医学院护理与健康管理学院讲师，研究方向为健康保险；李峥，中再寿险产融创新事业部高级核保师。

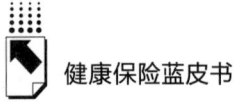

强，对健康保险产品的期待已不仅仅停留在简单的风险转移、费用补偿上，强调健康保险保障健康的价值功能逐步凸显。在此背景下，保险公司积极推出各类健康管理服务，推动"保险+健康管理"融合发展。虽然保险公司在不断尝试推出新的增值健康管理服务，但保险公司的努力是否满足了顾客需要不得而知。例如，参保人对保险公司推出的各类健康服务反应如何，保险公司推出的健康管理服务是否是参保人真正需要的服务，现阶段参保人究竟需要什么样的健康管理服务等，对于这些问题，尚未有比较清晰的答案。

《保险业健康管理服务应用调查报告》从供给侧视角解答了现阶段保险公司为参保人提供了哪些健康管理服务、如何提供的问题。本报告从需求侧视角来解答参保人究竟需要什么样的健康管理服务，并结合供给侧视角的主要结论，从供需结合视角对现阶段保险业开展健康保险与健康管理融合发展问题进行探索。期望通过两个视角的调查研究及发现，为保险业更好地开展健康管理服务提供有价值的参考。

一 调查目的

本调查旨在了解健康保险参保人对保险公司提供健康管理服务的评价及服务需求情况，从需求侧角度探究参保人对健康管理服务需求问题。结合与供给侧角度的调查结果（参见《保险业健康管理服务应用调查报告》），在对比分析基础上探索当前保险业提供健康管理服务的供需匹配与服务项目设置等问题。通过本调查报告，初步回答保险公司在经营过程中提供的健康管理服务是否与保险参保人需求相一致，为保险公司完善相关业务提供决策参考。

二 调研对象与样本描述统计

(一) 调研对象

本调查的对象为健康保险参保个人，调查对象限定为开展调查时持有且在保险期内的各类健康保险参保人。调查时间为2022年9月中旬至10月中旬，健康保险类型主要包括各类重疾险、医疗险、特病险、特药险、护理险以及普惠健康险等。采用问卷调查方式开展，调查数据采集主要通过两种渠道完成：一是通过保险公司健康险业务部门工作人员向参保客户推送调查问卷获得，二是通过委托社会调查公司针对健康保险参保人群开展广泛调查获得。通过上述两种渠道相结合获取调查数据，能确保获取样本的多样性与代表性。

(二) 样本描述统计

对获得的样本数据进行整理、清洗与审核，最终得到有效样本877个，用于本报告数据分析。对有效样本进行统计，结果显示，从性别构成看，男性占比为39.7%，女性占比为60.3%。从年龄构成看，25岁及以下占比7.3%，26~35岁占比54.5%，36~45岁占比26.7%，46~55岁占比8.9%，56岁及以上占比2.6%。从教育程度构成看，高中/中专及以下学历占比8.2%，本科学历占比84.0%，硕士研究生及以上学历占比7.8%。从婚姻状态看，单身未婚占比17.2%，已婚状态占比80.7%，离异及其他占比2.1%。从家庭规模看，1人家庭占比3.9%，2~3人家庭占比58.6%，4~5人家庭占比33.4%，6人及以上家庭占比4.1%。从个人月收入看，5000元及以下占比12.4%，5001~11000元占比51.7%，11001~17000元占比22.9%，17001元及以上占比13.0%。从被调查者家庭年收入看，在10万元及以下的被调查者占比9.5%，10万~20万元的占比35.9%，20万~30万元的占比25.1%，30~40万元的占比12.1%，40万元及以上的占比17.4%。从被调查者持有基本医疗保险类型看，84.7%的被调查者是城镇职工基本医疗保险参保者，13.9%的被调查者是城乡居民基本医疗保险（含城镇居民基本医疗保险、新农合）参保者，此外，1.0%的被调查者享受公费医疗，0.4%的被调查者没有基本医疗保险。

从被调查参保人购买健康保险类型看，其中，79.4%的被调查者购买了重疾险，80.8%的被调查者购买了商业医疗险，10.5%的被调查者购买了特病险，7.1%的被调查者购买了特药险，6.8%的被调查者购买了护理险，21.7%的被调查者购买了普惠健康保险。

被调查参保人来自全国各地，其中，上海、广东两地样本占比相对较大，有效样本中23.6%的来自上海，13.5%的来自广东（见表1）。

表1 有效样本地区来源分布情况

单位：个，%

序号	地区	频数	百分比	序号	地区	频数	百分比
1	上海	207	23.6	16	吉林	15	1.7
2	广东	118	13.5	17	山西	15	1.7
3	北京	71	8.1	18	江西	11	1.3
4	陕西	71	8.1	19	福建	11	1.3
5	江苏	45	5.1	20	安徽	10	1.1
6	山东	36	4.1	21	广西	9	1.0
7	四川	34	3.9	22	贵州	8	0.9
8	重庆	31	3.5	23	黑龙江	7	0.8
9	河南	28	3.2	24	云南	6	0.7
10	河北	26	3.0	25	甘肃	6	0.7
11	湖北	24	2.7	26	内蒙古	5	0.6
12	辽宁	22	2.5	27	海南	3	0.3
13	天津	20	2.3	28	宁夏	2	0.2
14	浙江	19	2.2	29	新疆	1	0.1
15	湖南	16	1.8		合计	877	100.0

三 调查结果

(一)健康与医疗支付基本情况

对有效样本的统计结果显示,74.0%的被调查者在健康状态自评中认为自己"健康"或"比较健康",21.3%的被调查者认为自己的健康状态"一般",4.7%的被调查者认为自己"不健康"。同时,询问了被调查参保人慢性病患病情况,75.6%的被调查者回答"不患有"调查问卷中列出的各种慢性病,其余样本均患有不同类型的慢性病。从患慢性病种类看,高血压、血脂异常和关节炎或风湿病是最主要的慢病类型。患病人数占总人数比重情况如图1所示。

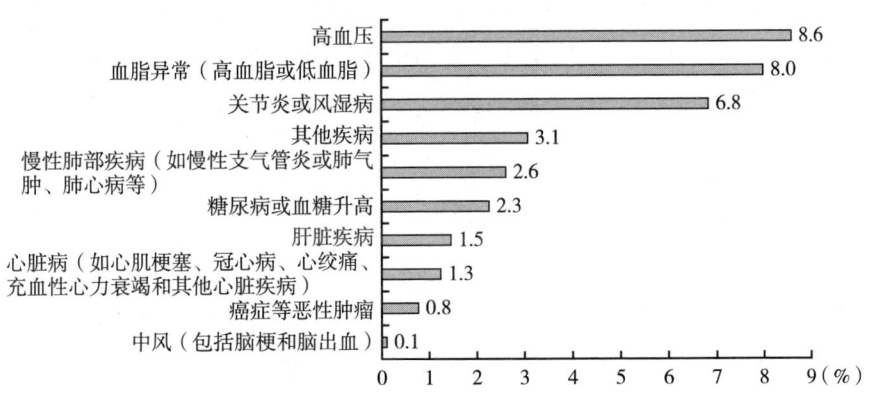

图1 被调查参保人慢性病患病情况

从被调查参保人的年度医疗支出看,上一年度的自付医疗费用(除去基本医疗保险报销外的费用,但不含商业健康保险报销费用)在3000元及以下者占比66.9%,3001~6000元的占比19.6%,6001~9000元的占比7.2%,9001元及以上的占比6.3%。

（二）对保险公司提供健康管理服务的知晓情况

在本调查中，询问了参保人对承保健康险公司提供各类健康管理服务的知晓情况。对于保险公司提供的健康管理服务内容，按照《保险业健康管理服务应用调查报告》中对服务类型的区分，将其区分为核心健康管理服务（A类健康管理服务）和延伸健康管理服务（B类健康管理服务）。其中，A类服务主要围绕健康检测、评估、咨询、干预等提升人群健康水平，减少大病就诊的相关服务；B类服务主要围绕便捷就医、快捷支付、折扣消费等提升人群健康保健、就诊体验感，辅助保单销售的服务。

从参保人对A类健康管理服务知晓情况看，其中，有19.7%的被调查参保人回答"我不清楚提供了哪些服务"，其余80.3%的被调查者均知晓保险公司提供了相关服务。从反馈知晓的具体服务项目看，被调查参保人知晓保险公司提供服务人数最多的服务分别为体检（知晓人数占比54.8%）、专业健康状态评估（知晓人数占比47.0%）、在线医生（知晓人数占比44.1%）（见图2）。对照《保险业健康管理服务应用调查报告》中2022年度数据，从保险公司提供A类健康管理服务类型看，在线医生、专业健康状态评估、健康生活方式管理是保险公司提供最多的服务。综合来看，参保人知晓的A类健康管理服务提供项目与保险公司提供较多的服务项目大体一致。

从参保人对B类健康管理服务的知晓情况看，其中，有22.1%的被调查参保人回答"不清楚还提供了哪些服务"，其余77.9%的被调查参保人均知晓提供的B类相关服务项目。结果显示，便捷就医（知晓人数占比55.5%）、医疗费用相关（垫付、医院直付网络）（知晓人数占比40.1%）、药品相关（小药箱、送药配送等）（知晓人数占比32.8%）是被调查参保人知晓人数较多的服务项目（见图3）。对照《保险业健康管理服务应用调查报告》中2022年度数据，从保

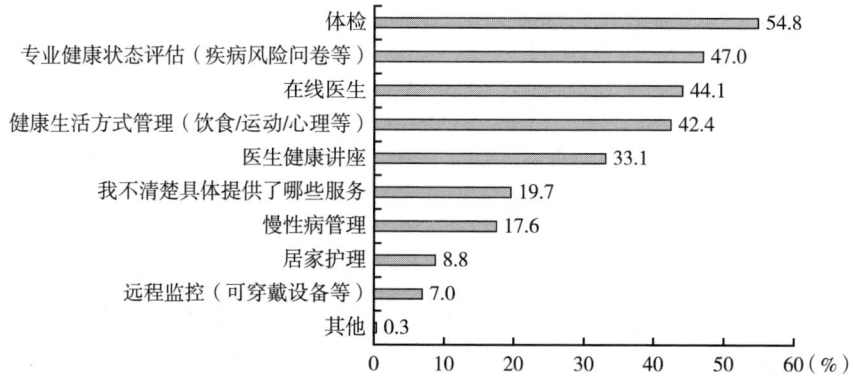

图 2　参保人知晓保险公司向其提供的核心健康管理服务（A 类）

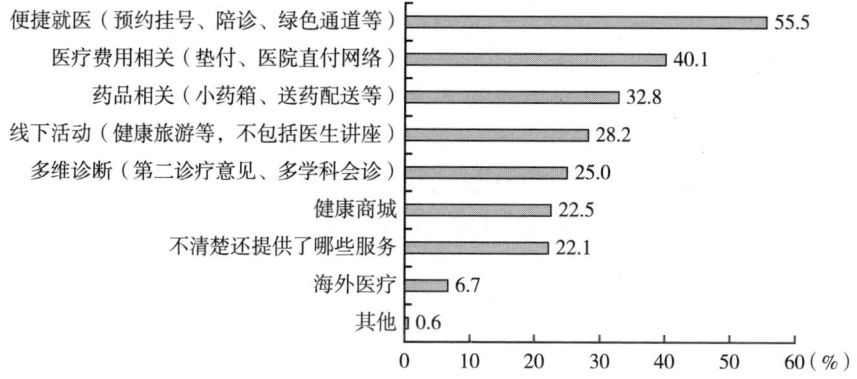

图 3　参保人知晓保险公司向其提供的延伸健康管理服务（B 类）

险公司提供的 B 类服务看，便捷就医、医药费用相关和多维诊断（第二诊断意见、多学科会诊）是保险公司中提供最多的服务。除多维诊断外，参保人知晓较多的 B 类健康管理服务与保险公司提供的服务基本一致。由此可见，保险公司对自身提供服务项目的宣传效果较好，参保人也基本能够知晓保险公司提供的主要服务项目。但需要关注的是，仍有一定比例的被调查参保人对保险公司提供的服务项目仍不知晓。

（三）对健康管理服务需求

1. 针对保险公司提供服务项目清单内项目的需求

针对保险公司提供的 A 类和 B 类健康管理服务项目，调查中询问了参保人的具体需求情况。对 A 类核心健康管理服务，体检、在线医生和健康生活方式管理是参保人选择最多的三类项目，且选择上述三类项目的被调查参保者人数均超过 50%（见图 4）。对 B 类延伸健康管理服务，便捷就医、医疗费用相关是参保人选择最多的两类项目，超过 60% 的被调查参保人选择了对应选项（见图 5）。对照《保险业健康管理服务应用调查报告》中 2022 年度数据，参保人对指定的服务项目选择与被调查保险公司提供较多的服务项目较为吻合。这说明保险公司在提供 A 类和 B 类健康管理服务项目时，多数保险公司还是能从顾客需求出发提供服务项目。

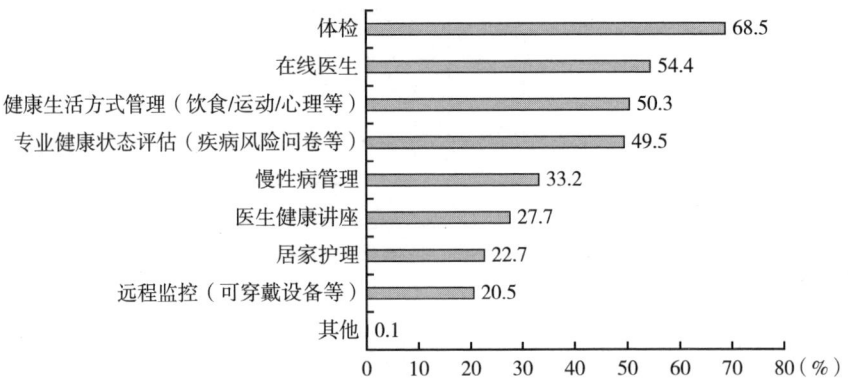

图 4　保险公司提供核心健康管理服务（A 类）中参保人需求情况

2. 参保人需求健康管理服务情况

本调查除了询问参保人对保险公司提供特定健康管理服务项目（A 类、B 类）需求情况，还询问了"如果可以提供各类服务项目时，哪些健康管理服务项目对您最有吸引力"。询问该问题目的是

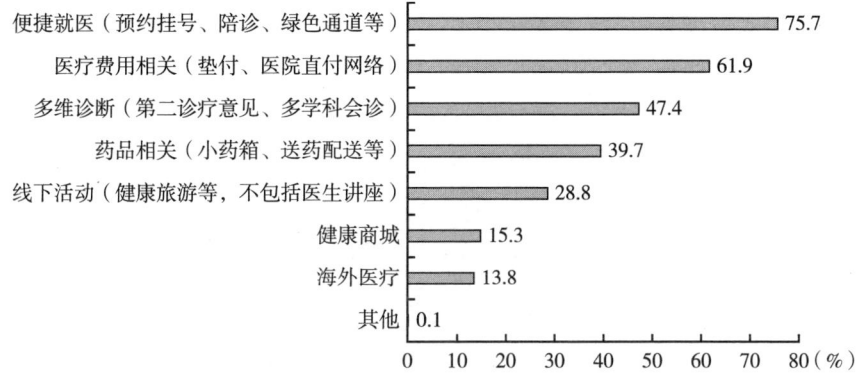

图 5　保险公司提供延伸健康管理服务（B 类）中参保人需求情况

为摆脱健康保险公司的既定服务项目宣传对参保人需求的影响，旨在探索参保人的实际健康管理服务需求情况。结果显示，"健康和疾病筛查服务"是最具吸引力的服务项目，有66.1%的被调查参保人选择了此项服务；同时，"重疾早查方案服务""健康指标和监测服务"在最具吸引力服务项目中位列第二和第三（见图6）。结合本次调查人群的健康状态情况，其中，近3/4的处于"健康"或"比较健康"状态。可见，参保人对个人身体健康监测的相关服务需求最大，这也是保险公司未来可进一步开发针对性健康服务的方向。

体检是健康监测的重要手段，是大多数保险公司提供的服务项目。本次调查还询问了被调查参保人对体检的态度，结果显示，76.1%的被调查者选择了"家里成员每年或定期必须做检查才安心，即使没有单位提供体检福利安排，也会自己付费体检"；18.2%的被调查者选择了"自己年轻无所谓（公司有安排就会去做体检，没有安排也可不做），但是家里老人必须定期安排检查"；5.4%的被调查者选择"无所谓，家庭成员有公司体检福利安排的就去做，没有安排的也不会付费去体检"；此外，0.3%的被调查者选择了"其他"

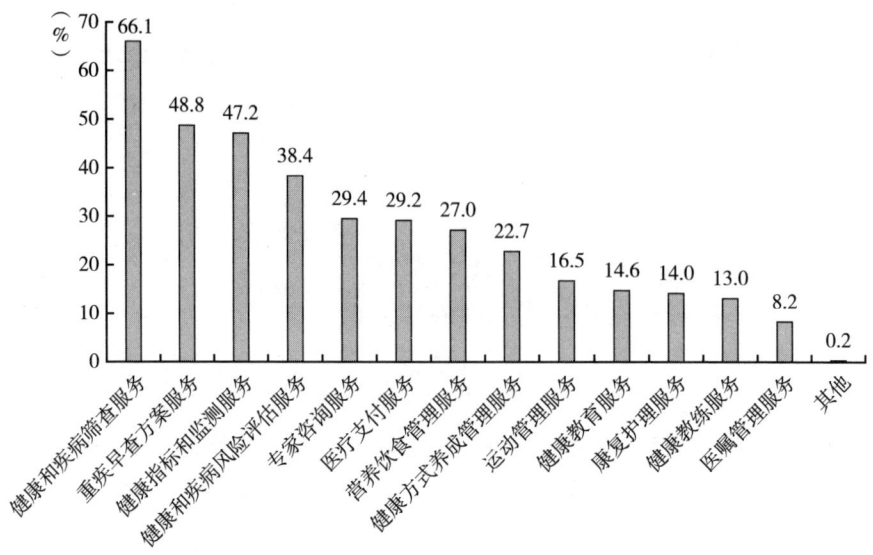

图6 对参保人最有吸引力的健康管理服务类型

选项。在对待体检结果的态度上，13.1%的被调查者选择了"只要没大问题就不去管"，45.7%的被调查者选择了"针对异常指标，自己进行健康管理，积极调整自身状况"，41.1%的被调查者选择了"针对异常指标，寻找专业服务（如医生、健康管理师），积极调整自身状况"，0.1%的被调查者选择了"其他"选项。从上述结果看，参保人对待体检持有积极态度的比例较大，特别是对家中老年人的体检特别重视；对待体检结果的态度，仍有较大比重的参保人在面对异常指标时，选择自我健康管理而不是寻求专业服务，这是值得关注与引导的地方。

调查中也询问了被调查者对购买健康管理服务的态度。对于是否愿意额外付费购买健康管理服务，51.4%的被调查者愿意以合理的价格向保险公司购买服务，12.8%的被调查者回答只要对改进健康有益就会向保险公司购买。此外，21.4%的被调查者会看具体服务项目再决定是否购买（见图7）。可见，在经营健康保险业务时，除了为参保人提供附加健康管理服务外,保险公司可考虑向客户出售一些高质量、高性价比的健康管理服务,也可能会获得顾客青睐。

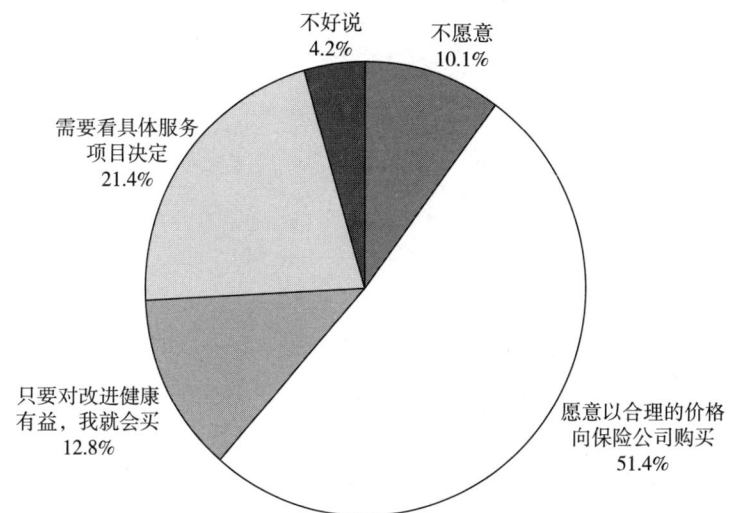

图 7 被调查者对是否愿意额外付费购买健康管理服务的态度

(四)其他

对于购买商业健康保险的主要动机,被调查参保人中 45.3% 的还是出于在基本医疗保险不能满足医疗费用支出时能提供额外的费用补偿的目的而购买;同时,对健康保险提供除费用补偿功能外服务需求的也不在少数。例如,在医疗费用补偿基础上,期望能够提供健康管理服务以改进健康的被调查参保人占比 23.1%,期望能够提供必要看病便利的被调查参保人占比 23.6%(见图 8)。健康保险的经济补偿功能是产品最初级的价值功能,但顾客目前对其功能扩展的需求已经逐步显现。上述数据结果已经表明超过 46% 的参保人认为费用补偿是其基本功能,期望健康保险应该是一种具备费用补偿+健康服务的复合功能保险产品,而且有一部分参保人甚至愿意额外付费购买相关服务。

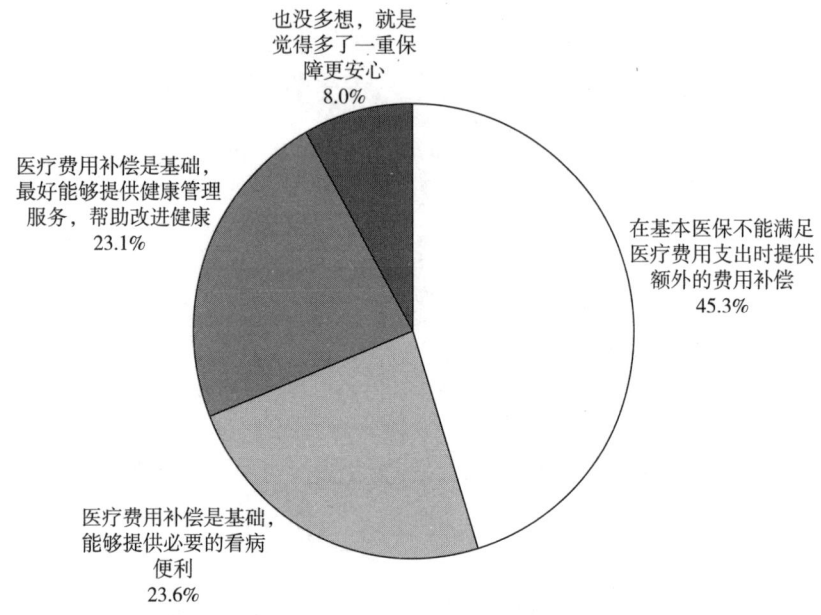

图8 参保人购买商业健康保险的主要动机

调查中询问了被调查参保人"您认为目前健康保险公司在为你提供健康管理服务上做得如何",结果显示,超过65%的被调查者认为保险公司提供了不少服务,但上述人群中也有不少参保人并未关注具体服务项目。例如,27.8%的参保人明确回答"提供的健康服务不少,但是我没关注"。对于认为保险公司提供服务不少但未关注的缘由,有待后续研究进一步发掘。同时,也有25.9%的被调查参保人认为保险公司"仅仅在卖给我保险时提到,但后面好像没啥"(见图9)。

综合而言,被调查参保人对现阶段保险公司提供健康相关服务的满意度情况一般。数据结果显示,评价"非常满意"或"满意"的

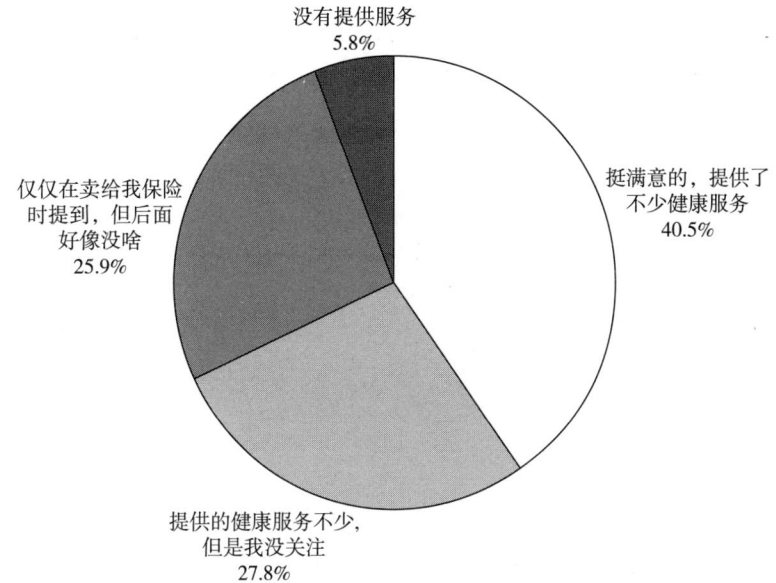

图9 对健康保险公司为参保人提供健康管理服务的评价

参保人占比61.0%,评价"一般"的参保人占比35.5%,评价"不满意"或"非常不满意"的参保人占比3.5%(见图10)。可见,仍有相当一部分参保人对保险公司提供的健康相关服务并没有表示"满意",保险公司仍需要进一步改进相关服务。

四 调查结论

本调查对健康保险参保人的健康管理服务需求进行了初步探索,结合保险公司服务供给调查报告结果,从供需相结合视角分析了保险与健康管理服务融合问题。通过本次调查,主要发现了如下结论。

第一,参保人对健康保险的价值功能要求正在逐步转变,费用补偿功能是基础,对健康服务相关功能要求逐步凸显。健康保险参保人群的特点,即健康、低医疗费用支出,例如,本调查中3/4的人群为

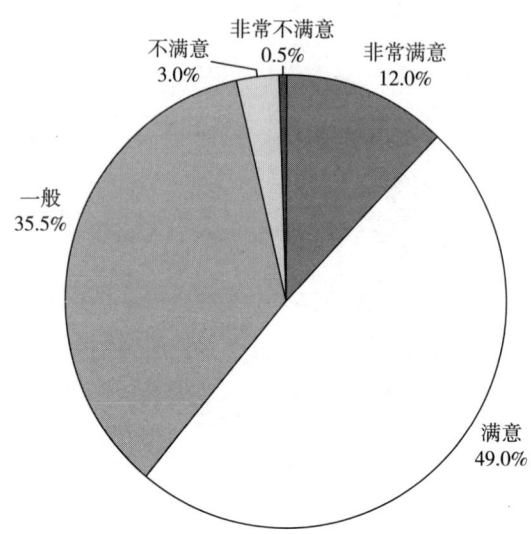

图 10　被调查者对保险公司提供的健康相关服务的满意度如何

健康人群，上年度自付医疗费用在 3000 元及以下人群接近七成等，使得参保人对健康保险的价值功能要求发生变化，越来越注重保险提供的健康服务增值功能。此外，参保人对付费健康管理服务并不排斥，甚至愿意购买，例如，本调查发现超过六成的参保人愿意以合适的价格向保险公司购买健康管理服务或者选择只要对健康有益的服务就会向保险公司购买。因此，保险公司应当更加关注为顾客提供高质量的健康管理服务。

第二，健康监测相关服务是现阶段健康保险参保人最需要的健康管理服务。本调查报告一方面了解了参保人对保险公司提供既定健康管理服务项目的需求情况，另一方面也对参保人实际健康管理需求进行了了解。可能受本次调研参保人以健康人群为主影响，诸如健康和疾病筛查服务、重疾早查方案服务、健康指标和监测服务等健康监测类服务成为绝大多数参保人最感兴趣的服务项目。这也说明保险参保人对预防类的健康服务较为重视，保险公司可在此方面推出面向特定群体的健康监测服务项目。

第三，保险公司对自身提供健康服务的宣传较好，参保人能了解到保险公司提供的具体服务项目。从参保人对保险公司提供核心和延伸健康管理服务项目知晓情况以及需求评价情况看，80%左右的参保人或多或少地知晓承保公司提供的健康服务项目。但是，对比保险公司提供服务项目与参保人实际健康管理需求，还是可以看出一定的差别，例如，从健康管理的监测、评估、干预等重点环节看，现有参保人群更加关注健康监测相关服务。这就要求保险公司根据参保人群的特点，推出有针对性的健康管理服务项目。

第四，参保人对保险公司提供健康管理服务的评价有待进一步提升。从参保人对保险公司提供服务的评价看，近1/3的参保人认为保险公司仅是在销售保险时提到相关服务而后续未有实质服务或者没有提供服务。从参保人的满意度评价看，近61%的被调查者认为满意或者非常满意，总体满意度并不高。保险公司还需要将健康管理服务做扎实，进一步提升顾客满意度。

五 发展建议：引入数字化健康管理

本调查报告结论表明，顾客对健康保险的复合功能诉求，特别是健康管理服务诉求越来越明显。如何为参保人提供高效的健康管理服务是保险公司未来必须面对的问题。然而，现有健康保险中包含的健康管理服务，更多的是罹患疾病、需要诊疗时给予服务便利，对客户的健康提升缺少有效的干预与改善。同时，由于尚未充分实现数字化管理，健康管理应用方面存在服务不及时、效率低等问题。要解决上述问题，可以引入数字化健康管理，充分利用数字技术，增加客户与保险公司互动的频次，提升健康管理的效率和顾客体验。

数字化健康管理是以数字化手段主动管理客户健康风险、增强互动，促进和提升客户全生命周期健康水平。数字化健康管理为客户提供了健康数据追踪和健康干预、沟通的服务体系，让健康管理服务更便捷、更高效，降低了客户的医疗健康风险。

（一）数字化健康管理的国际经验

1. WellDoc 健康管理公司

WellDoc 健康管理公司在数字化健康管理方面的经营模式是以"数据收集+云端健康管理平台"为客户提供医疗监控和治疗服务。该公司涉足的领域主要是慢性病人群，包括高血压、糖尿病和心脏病等，并从六大维度跟踪和分析患者健康，包括睡眠、运动、用药、疾病指征、心理状态、饮食等。利用平台将跟踪到的健康数据与医疗数据相结合，为提高客户健康提供及时有效的建议。同时，WellDoc 数字化健康管理横跨整个医疗体系，链接卫生系统、卫生机构、保险公司、医疗器械和药店，提升慢病患者管理体验，提高时效性、互动性。

2. OptumHealth

OptumHealth 是美国联合健康子公司，该公司专门开发了数字化健康管理平台 My Well Being，以游戏化的平台方式，实现对客户健康状况的实时跟踪。同时设计游戏或者任务来增强互动，提高客户的参与性，并为每个客户提供个性化的健康管理菜单，如健康目标、营养饮食、运动步数排名、每日健康值等指标展示。

3. Omada Health

Omada Health 成立于 2011 年，立足于为用户提供包括糖尿病、肌肉骨骼疼痛等慢病管理服务。Omada Health 为客户提供一对一的专家辅导，制定专属的血压和血糖控制方案。发放移动设备，如数字化体重秤、血糖仪等设备，随时跟踪和监测客户的健康数据。通过数字化健康共享平台，与健康管家、医生随时沟通互动，以提升客户的健康水平。

(二)数字化健康管理与健康保险结合举例

1. 可穿戴设备在健康管理及健康保险中的应用

客户购买保险后,保险公司赠送被保险人可穿戴设备(手环等)。考虑到数据收集的便捷性,普遍收集行走步数。当客户累计一定步数,则"奖励"被保险人更高的保障额度。如某公司的"某重疾险",买保险送华为手环;通过运动,提升重疾保额,最高可以增加基本保额的25%。

可穿戴设备的应用,一方面可以增加保险产品的吸引力,让更多的用户能够关注健康,在日常生活中有意识地培养健康的生活习惯;另一方面可以提高保险公司和客户之间的互动,通过可穿戴设备对用户健康数据的收集,保险公司的服务能力也得到了提升。

2. 重大疾病早期筛查与健康保险融合

瑞华健康保险尝试将重大疾病早期筛查与肺部特定疾病保险相结合。客户不仅获得保险保障,还能获得瑞华健康保险提供的针对肺部的全链路健康管理,包含科学筛查、在线看片、AI 报告解读、多学科高级专家会诊和精准诊治预约服务。肺部全链路健康管理汇聚了该领域的众多医学专家,共同为购买疾病保险的客户提供整合后的服务,客户可享受更加精准且前置的健康管理服务。

(三)数字化健康管理与健康保险融合发展趋势

数字化健康管理与健康保险融合,未来发展方向可归结为4P,即预测性(Prediction)、预防性(Prevention)、个性化(Personal)、参与性(Participatory)。通过移动互联网、可穿戴设备的应用,提高健康风险的可预测性,及时识别中、高风险人群,并提供预防性健康干预,制定个性化的健康管理服务方案,增加保险公司与客户之间的互动,提高客户健康意识,减少疾病发生风险。

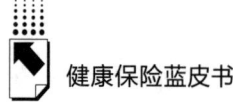

通过引入数字化健康管理模式、大数据等科技手段，保险公司不仅提供风险发生后的费用补偿，同时提供健康问题的解决方案。商业健康保险要寻求突破和创新，重要趋势是加入数字化健康管理，与保险深度融合。保险公司在产品设计时，可将产品责任与服务挂钩，客户加入保险计划时，就启动相关的健康管理服务，对客户的健康风险进行评估，对于亚健康或有异常的体况进行分层管理、健康干预，以帮助客户建立健康的生活方式。

目前数字化健康管理在健康保险中的应用还在摸索阶段，如何更好地做好疾病预防，将健康保险做成真正的健康管理工具，还需要各家保险公司不断试错、不断创新，从而实现客户与保险公司共赢的局面。

B.5 保险交易所服务城市定制型商业医疗保险发展

中保科联技术有限责任公司课题组

摘　要： 城市定制型商业医疗保险是完善我国医疗保障体系的重要探索。上海保险交易所及其子公司中保科联技术有限责任公司发挥行业基础设施中立、权威、独立的优势，整合推出"政府指导+市场运作+平台服务"模式，打造多元主体共赢格局。

关键词： 保险交易所　普惠保险　城市定制型商业医疗保险

上海保险交易所及其子公司中保科联技术有限责任公司（以下统称"上海保险交易所"）是经国务院批准设立、由中国银保监会直接管理的国家级重要金融基础设施，是保险业改革创新发展的战略平台和创新型金融要素市场。建所以来，上海保险交易所坚持将服务健康养老等普惠保险发展作为落实中央和银保监会决策部署、支持地方政府运用保险提升治理水平的主攻方向之一。2017年6月，上海保险交易所启动建设健康保险交易平台，搭建基本医保与商保互通桥梁，为健康保险转型升级、与大健康产业融合发展提供创新解决方案，服务国家多层次医疗保障体系建设。

百姓医疗保障需求旺盛，国家政策支持是普惠保险发展的重要推动力量。上海保险交易所坚持以人民健康为出发点，紧跟百姓和市场需求。自2020年起,发挥交易所公平、公正、公开的交易机制,紧抓城市定制型商业医疗保险创新发展机遇,将城市定制型商业医疗保险纳入场内交易范围,将政府、保险机构、参保群众、医疗机构纳入交易所普惠健康保险生态,坚持服务监管防范化解风险、服务政府提升民生保障水平、服务保险业数字化转型的发展导向,最大限度在普惠与可持续、公平与效率之间寻得平衡,解决多方主体之间的信任问题,在保证数据、资金安全的前提下,提升效率,推动实现保险普惠。

五年来,健康保险交易平台得到多地政府部门和行业机构的肯定,获得上海金融创新成果奖一等奖、浙江省数字社会最佳应用、最佳"惠民保"科技服务商第一名等荣誉。

一 上海保险交易所服务城市定制型商业医疗保险实践

上海保险交易所建设和运营的健康保险交易平台,覆盖健康险销售、理赔、清结算、健康管理等环节,在助力增加多层次健康险产品供给、提升保障范围和水平、推动城市定制型商业医疗保险(以下简称"惠民保")规范发展、服务商保与基本医保良性互动等方面取得积极成效。自2020年11月以来,上海保险交易所在全国8个城市和3个省全面推广惠民保平台服务,实施项目已成为区域乃至全国的标杆头部项目。在全国人口大于1000万的大型城市中,上海保险交易所已服务城市占比超过30%,得到多地政府部门和行业机构的肯定。

具体而言,上海保险交易所成功为广州、杭州、重庆、青岛、大连、宁波、烟台、天津、福建、黑龙江(实施中)(见图1)等政府指导的惠民保发展提供全方位服务,累计实现保费53.98亿元,为超过3679万人次提供医疗保障金额近106万亿元。平台经受超大城市高并发运营的考验并积累了丰富经验，在产品创新、覆盖率、保障水平、百姓满意度方面均在业内处于领先水平。以上地区的数据说明，惠民保的推出和规范发展有效提升了区域人民群众的医疗保障水平。

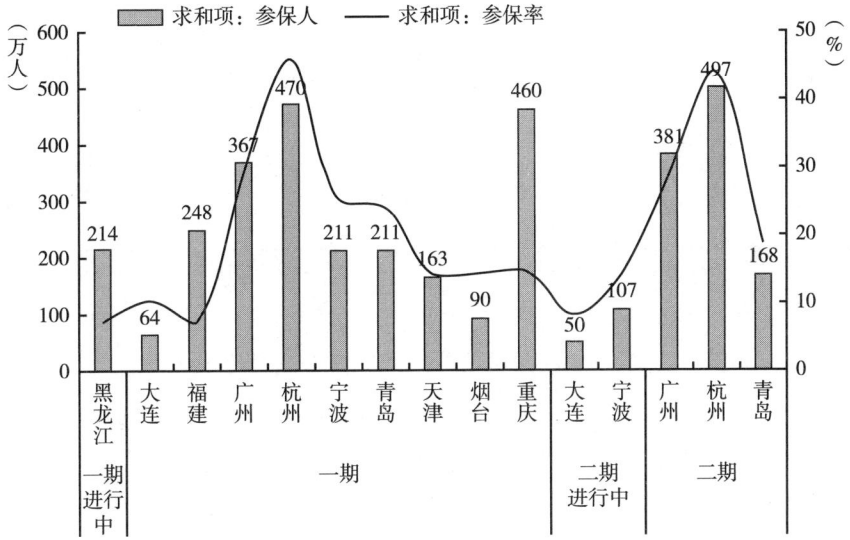

**图1 上海保险交易所城市定制型商业
医疗保险参保人数及参保率分布**

注：数据统计至2022年9月30日。

（一）发挥基础设施中立优势，推动多方主体实现共赢

上海保险交易所创新推出"政府指导+市场运作+平台服务"新模式，实现"政府+市场"的合力。一方面，发挥"政府+金融基础设施"的优势，确保数据及资金安全，赢得行业和老百姓的信任；另一方面，公开透明的运行机制，充分激发市场主体活力，迅速实现普惠保险拓面上量，使得惠民保险具备可持续运营的基础。截至2022年9月30日，上海保险交易所完成销售期的产品，平均参保

率为25%，比职工基本医保个账支付类惠民保的平均参保率高出约10个百分点（见图2）。

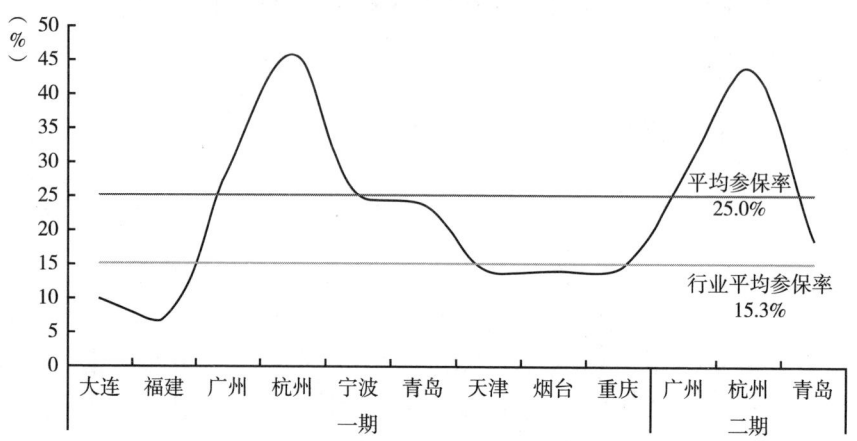

图2 上海保险交易所完成销售期项目参保率统计

注：行业平均参保率是指职工基本医保个账支付类惠民保的平均参保率。
资料来源：中再寿险《2022年惠民保可持续发展趋势洞察》。

（二）发挥公信力平台优势，助力保险产品和理赔服务普惠性升级

在保险产品设计方面，上海保险交易所推动定价科学、可持续等监管要求落地。基于对接的医疗数据支持保险公司进行保费测算、费率厘定，确保产品保障范围科学、定价合理，体现地域特色，重点保障社保和大病保险不能报销的部分，提升人民群众的获得感。在待遇生效后，动态推动产品责任的优化迭代，主动发起二次补偿理赔服务，破解保障不全、保障不力的难题。如在杭州"西湖益联保"首年待遇兑付期，协助医保局及共保体建立动态产品优化机制，进行了三次保障升级。并依据项目赔款发展的趋势，以及百姓就医过程中医疗费用负担的结构，把自费医用材料费、诊疗费纳入保障范围，先后

5次主动发起理赔报销，累计赔付63833人次，追加赔款23009.36万元，使保险服务更加主动、更有温度。

在理赔服务方面，创新推出通过金融基础设施集中对接医保资金渠道、保险机构、医疗卫生机构的一站式理赔清结算服务，满足多家保险行业机构与众多医疗机构定期轧差结算的需求，保障资金安全，提升支付理赔便捷度和资金结算效率。以大连地区为例，自2021年12月上线一站式理赔清结算平台以来，对接医保局和200余家公立医院，实现保险机构和医院的理赔资金直接结算。截至2022年9月底，已完成商保理赔金额2867万元，完成5523次理赔结算。

（三）推动"政府公信力+市场活力"的运营方式，提升惠民保险的可及性

上海保险交易所通过与政府及共保体在品牌宣传、运营指导、渠道集成三方面的高效配合，打造了众多区域甚至全国的创新头部项目。在宣传方面，发挥政府和保交所强公信力优势，通过官方媒体，打造普惠保险品牌，形成人群当中的高强度广泛传播。在内容方面，加强政策宣传解读，正确精准解释条款，合理引导群众心理预期。在推广方面，接入政府公共服务平台，加大保险公司市场化推广力度，集成多个互联网平台渠道优势，实现线上和线下渠道销售的广覆盖、快上量。尤其是最早在上海保险交易所上线的广州穗岁康和杭州西湖益联保项目，经过两年的运营，参保人数不断增长，分别较首年增长3.94%和5.71%，让更多普通老百姓在享受到健康保障的同时，也回应了行业内对项目可持续性的担忧（见图3）。

（四）发挥基础设施资源整合优势打造生态圈，助力健康保险和药品服务的标准化与规范化

集聚健康产业链上下游机构，对接政府、医保部门、医疗机构、

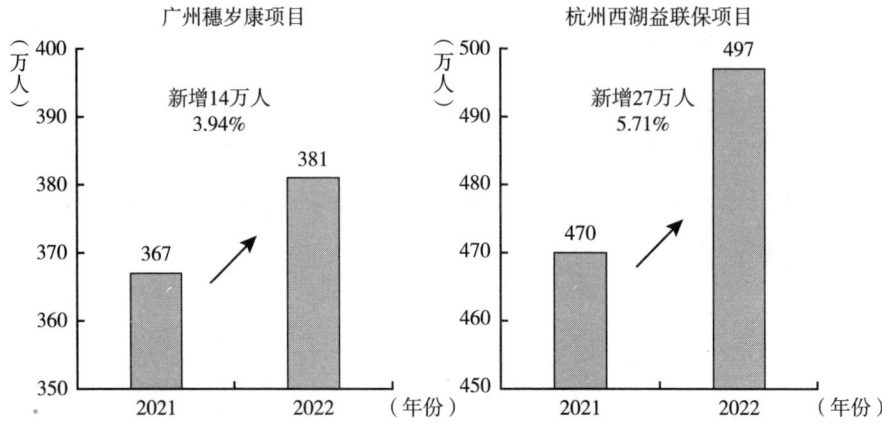

图 3　广州穗岁康及杭州西湖益联保两年参保人数对比

保险公司、再保险公司、特药机构等各类主体，打造"互联网医疗+健康保险"的健康保险新模式。比如，在青岛项目上线了全国特药服务平台，集中整合了多家市场特殊药品机构的服务和药店网络优势，为参保人提供一站式特药直付服务，有望成为院内医疗结算的有力补充。在运营服务上，建立了药品目录、服务标准，构建了从参保、支付到理赔的全流程评价服务体系，为未来探索规范特药服务标准提供样本。

（五）丰富普惠保险产品，搭建普惠保险交易入口

为了增加"新市民"人群在城市工作生活的获得感和幸福感，上海保险交易所探索在普惠保项目上线新市民保障方案，分别在广州"穗岁康"、大连普惠保落地；截至2022年9月末，"穗岁康"累计承保新市民9.3万人，"大连普惠保"累计承保新市民4.3万人。此外，上海保险交易所正积极探索服务于其他类型的普惠保险产品，例如，在宁波，支持政府主导型、面向新市民等灵活就业人员的职业意外伤害专属普惠保障产品"灵活保"和普惠型数智化学生平安保险

"甬学保"运营推广;在上海,建设统一保险服务入口"上海保险码",可为随申办用户提供普惠保险甄选、保单查询、投保、保全、理赔等便捷服务,不断丰富普惠健康保险内涵。

二 上海保险交易所"政府指导+市场运作+平台服务"模式解析

上海保险交易所以推动保险公司落实《中国银保监会办公厅关于规范保险公司城市定制型商业医疗保险业务的通知》等监管要求为导向,以推进地方医保部门的数据资源开放和共享为牵引,依托基础设施全面打通产品、承保、渠道、支付、理赔等各个环节,引入市场机制提升运行效率,在安全、高效的前提下,解决行业共性问题,切实提升惠民保的普惠性和保障水平。

(一)组建共保体提升承保能力,建立横向纵向风险平衡机制

政府指导型惠民保产品面向城市全量人口,并开放承保患病人群及老年高风险人群,需要较大的承保能力和高效的风险分摊机制保证商业可行性。上海保险交易所可通过公开招标方式组建共保体,提升承保能力,实现共保体内横向风险共担,并协助地方政府、共保体建立赔付率动态调节机制。通过中立、具有公信力的平台服务,既可以保证保险公司客户的数据独立、信息安全,还有利于调动共保体积极性提升参保效率和用户满意度,避免集"运动员""裁判员"于一体的利益冲突。纵向上,上海保险交易所集成数字化再保险登记清结算平台功能提供基于再保险解决方案,可以进一步降低运营主体的风险。

（二）集成数字化功能服务，推动全产业链降本增效

利用上海保险交易所集约化优势和前沿金融科技优势，实现从销售到理赔全交易链条的集成创新，提升了共保体运营的数字化水平，全面提高交易效率，降低运营成本。一是提供全渠道保费支付和医保实时对接服务，集成了银联、支付宝、微信等多种渠道，可有效降低多方对接成本；同时支持医保身份实时校验、医保个账实时扣款，提升了支付效率和支付安全性。二是提供安全、高效的资金结算服务，覆盖保险服务的全流程，包括保费收取、收入结算、理赔基金托管以及医院端的理赔结算服务等，可实现长期自动化不间断资金结算，既提高了结算效率，还可确保资金安全，最重要的是保证了服务不因任何市场机构的变化而影响延续性。三是提供理赔"一站式"服务。患者在住院结算时，无须复印病历、整理票据、来回奔波提交理赔申请，在定点医院结账时"商保+医保+自付"同步完成，真正实现零垫付、零跑腿、"出院即报销"；同时，建立了理赔保证金池，降低理赔资金划转风险。四是探索整合健康管理、药店网络等健康医疗资源。

（三）打造稳健高效、安全、穿透监测的平台，推动落实数据安全和隐私保护要求

上海保险交易所作为金融基础设施，是政府和机构对接医疗数据的安心选择。健康保险交易平台通过国家等保三级认证（等保最高等级），安全性、可靠性在全行业处于领先地位和水平。一方面，严格遵守用户隐私保护和数据安全管理等法律法规要求，建立系统管理、数据管理、授权管理、合作机构管理等一整套管理体系，覆盖医疗健康大数据管理和使用各环节，确保数据使用可监控、可追溯，切实维护消费者合法权益；另一方面，引导行业落实法律法规和银保监

会关于数据安全、隐私保护、反垄断等要求,把确保参保人数据安全、维护参保人权益落到实处。

总体而言,通过上海保险交易所平台服务政府指导型惠民保产品,可以实现四个提升。一是公信力提升。上海保险交易所作为国家级金融基础设施,自身强公信力平台契合普惠保险产品的属性和定位,与政府指导型惠民保高度匹配,可以有效发挥"政府+金融基础设施"的合力,确保数据及资金安全,赢得行业和老百姓的信任。二是保障程度提升。一方面,通过公开招标方式组建共保体,全面提升产品承保能力;另一方面,打通基本医保与商保对接的渠道,支持共保体基于医保大数据研发产品,着重解决基本医保、大病保险尚未覆盖的领域,推动商业健康保险在完善多层次医疗保障体系中发挥重要补充作用,全面提升保障覆盖面。三是销售量提升。通过先进的技术手段,整合线上、线下全口径销售渠道,在政府的指导下依托独立的公众号平台加大宣传和推广力度,持续提升老百姓的认知度和认同度,推动惠民保广覆盖、快上量。四是可持续性提升。上海保险交易所与地方医保局互联互通,为产品定价、理赔结算等提供了高效支撑,同时,通过共保运营平台大幅降低保险机构运营成本,让承保方能保、愿保,让保险机构将保费最大限度用在保障而非渠道推广上,也让普惠保险更可持续。

三 展望未来普惠健康保险交易发展之路

城市定制型商业医疗保险发展三年以来,随着市场机制发挥作用,普惠性不断提升,项目运营趋向透明化,交易所稳健高效率的交易服务模式正焕发出勃勃生机。展望未来,上海保险交易所将在如下方面寻求突破。

第一,服务监管,助力监管部门规范发展商业健康险。上海保险交易所积极发挥交易所自律管理和一线风险监测功能，将监管要求内嵌到交易流程中，助力落实消费者保护相关要求。一方面，基于"大交易"沉淀的"大数据"，支持监管部门对不同环节、不同主体的交易行为和交易数据进行全程动态监控，助力提升监管效能；另一方面，在监管部门的指导下，推出商业健康险投保、理赔、结算、信披等方面的规则和标准，成为监管规定的重要补充。

第二，服务市场，为更多的政府指导型城市定制险提供交易服务。面向市场，积极发挥平台中立、公正的优势，按照政府或者监管部门要求，链接更多保险机构。一方面，持续优化升级平台服务，打造覆盖普惠保险销售、理赔、清结算等各个环节的准公共服务平台，为消费者更加简单便捷地找到合适的保险产品提供交易撮合服务；另一方面，打造"一地创新，多地共享"的城市联动模式，探索形成政府提升民生保障水平、监管强化风险防控、行业可持续发展和服务水平不断提高、消费者获得感和满足感不断提升的多方共赢的机制。

第三，服务百姓，探索建设普惠保险交易平台提供丰富多样的产品选择。加快打造在全国具有重要引领作用的一批特色普惠保险服务，整合数据科技应用创新能力和惠民保流量，支持普惠保险产品创新和推广。在获得地方医疗部门同意及消费者授权的情形下，一方面，支持保险公司客户资源二次开发和精准客户销售；另一方面，支持行业应用卫生医疗和保险大数据，创新设计更加精准针对老年人、少儿、妇女等特定人群，针对灵活就业、快递员、环卫工等特殊特定职业，以及针对牙齿、糖尿病、心血管等特殊保障的健康险产品，解决特殊群体保障缺失、保障不足的问题。

第四，服务政府，探索建立保险要素市场服务医疗保障发展的长效机制。充分发挥上海保险交易所调动和组织商业保险资源的积极作用，探索和优化数据互联互通、信息定期共享、创新长效合作等模式；发挥数字化、智能化金融基础设施优势，进一步推动普惠保险全行业自动化风险平衡机制的建立，全面提升风险定价、保险赔付、资金清结算的自动化效率，实现大规模低成本可持续运营；支持地方政府基于上海保险交易所平台，更好运用保险机制应对人口老龄化等问题，全面提升全民医疗保障水平，推动健康中国2030战略稳步实施。

制度创新篇
Institutional Innovation Reports

B.6 "惠民保"模式向何处去

阎建军　万广圣　陈　楠*

摘　要： "惠民保"是新涌现出的经济现象，模式多样，从2021年7月初至2022年6月底，各类模式呈现出不同的发展态势，有些模式走向衰落，有些模式走上可持续发展之路。普惠性程度较高的两种惠民保模式已成为主流，其中，政府推动型模式的参保率比医保部门推动型模式的参保率高出约45个百分点，"政府推动、商保承办、公益化运行"的制度新形态脱颖而出，实现了市场机制、行政机制与公益化机制的深度融合，是推进实现共同富裕的重大制度创新。

---

* 阎建军，中国社会科学院金融研究所创新工程执行研究员，国家金融与发展实验室保险与发展研究中心主任；万广圣，上海健康医学院护理与健康管理学院副教授；陈楠，天安人寿保险股份有限公司精算师。

关键词： 普惠型补充医疗保险 医疗保障体系 共同富裕

本报告的研究对象是各类自称"惠民""普惠""助力解决人民群众因病致贫返贫问题"的医疗保险产品，其保费在200元以下，保障额度通常达到100万元以上，学界和业界一般用"惠民保"加以指称。

"惠民保"是新涌现出的经济现象，模式多样。各类模式在表面上的共同点之外，内在运行机制迥异。在经历2020~2021年的爆发性增长之后，2022年以来，各类模式呈现出不同的发展态势，有些模式走向衰落，有些模式走上可持续发展之路。

一 "惠民保"模式兴衰

从2021年7月初至2022年6月底，有112个惠民保产品陆续进入保障期，把上述产品作为研究样本，沿用阎建军等对惠民保的分类方法，继续把惠民保发展模式分为五类。[1] 采用保费和参保率两个指标，分析各类模式的兴衰，其基本情况有以下几个方面。

第一，由医保部门之外的其他行政部门提供支持模式（以下简称"非医保部门支持"模式）产品保费明显下降，参保率明显下降。该模式下的保费收入为1.26亿元，同比下降了83.18%。平均参保率为2.17%，同比下降了2.83个百分点。[2]

第二，纯商业运作模式产品保费明显下降，参保率略有增长。该

---

[1] 阎建军、刘菲、施毓凤：《城市定制型商业医疗险模式优化与制度定位》，NIFD季报，2021年7月。

[2] 韩雪萌：《惠民保各地参保率两极分化 政府参与程度成为持续发展关键》，《金融时报》2022年9月28日。

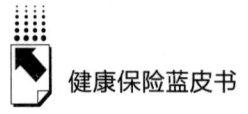

模式下的项目有27个，同比减少了19个。保费收入为6.03亿元，同比下降了27.15%。平均参保率为3.33%，略有增长。其中，有三个省（直辖市）级项目属于上年度的非医保部门支持型项目转为纯商业项目，扣除这三个项目后，纯商业运作模式保费收入为2.88亿元，同比下降了65.22%。

第三，医保部门指导型商业保险模式产品保费明显下降，参保率略降。该模式下的项目有27个，同比减少18个。保费收入为15.18亿元，同比下降了32.53%。平均参保率为14.38%，略有下降。其特点是医保部门为署名指导单位或参加发布会，部分城市的医保部门下发了鼓励惠民保发展的文件，通常不提供数据支持，不参与产品设计，不支持职工医保个人账户资金划扣缴纳保费。

第四，医保部门推动型模式产品保费大幅增长，典型城市平均参保率略增。医保部门推动型模式样本包括44个城市，平均参保率为21.88%。产品保费收入为68.04亿元，同比增长了412.22%。典型城市包括珠海、上海、广州、淄博、潍坊五个城市，典型城市平均参保率达到了35%，同比略增。医保部门推动型模式的基本特点是实现了职工医保个人账户资金划扣缴纳保费，这使得其与医保部门指导型模式区分开来。另外，医保部门分享相关精算数据；赔付率要求不低于85%，一站式结算在一部分城市得到推行。

第五，政府推动型模式产品保费小幅增长，平均参保率略增。政府推动型模式样本包括7个城市，产品保费收入为19.19亿元，同比增长了4.96%。平均参保率为67.26%，同比增长了3.8个百分点。上述城市把"惠民保"参保率指标纳入区（县）政府目标责任制考核，赔付率要求不低于90%，医保部门分享相关精算数据，一站式结算都得到推行，可以用职工基本医保个人账户资金为自己和亲人支付保费。惠民保各类模式产品数量和参保率如图1所示，"惠民保"模式分类及特点如表1所示。

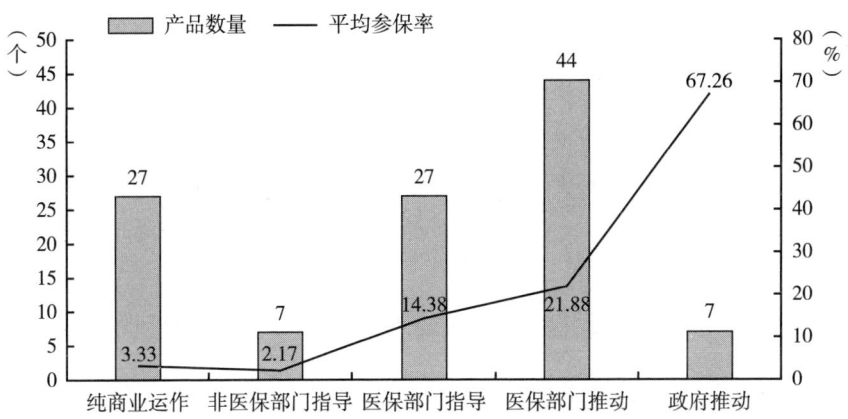

图1 惠民保各类模式产品数量和参保率

表1 "惠民保"模式分类及特点

单位：%

模式	平均参保率	参与单位	医保部门参与程度	既往症	个账支持	参保率指标纳入区（县）政府考核	理赔方式	赔付率监管标准
纯商业运作	3.33	无	不参与	不可保	否	否	商业模式	无
非医保部门指导	2.17	扶贫办、民政局、大数据局	不参与	不可保	否	否	商业模式	无
医保部门指导	14.38	医保局	一般无数据支持、不参与产品设计	限病种可保可赔	否	否	快赔	无
医保部门推动	21.88	医保局	数据共享、指导产品设计	可保可赔	是	否	部分城市一站式结算	≥85%

续表

模式	平均参保率	参与单位	医保部门参与程度	既往症	个账支持	参保率指标纳入区（县）政府考核	理赔方式	赔付率监管标准
政府推动	67.26	市政府、医保局	数据共享、指导产品设计	可保可赔	是	是	一站式结算	≥90%

注：1. 部分城市为实地调研获取的准确数据，其余城市基本医保参保人数均为通过公开网络收集统计，仅供参考。

2. 依照《中华人民共和国地方各级人民代表大会和地方各级人民政府组织法》的规定，地方各级人民政府分为省、自治区、直辖市人民政府，设区的市、自治州人民政府，县、自治县、不设区的市、市辖区人民政府，乡、镇人民政府四级，地方各级人民政府设立必要的工作部门。本报告中对于政府和部门的称谓源于此。

在惠民保的五类模式中，从保费指标看，政府推动型模式和医保部门推动型模式都实现了增长。其他三类模式的保费收入都有明显下降。

从参保率指标看，政府推动型模式在参保率已居于高位的基础上，取得了较显著的增长。医保部门介入的两类模式基本持平，非医保部门推动型模式有明显下降。纯商业运作模式的参保率略增，主要是受非医保部门指导型项目转为纯商业项目的影响。

总之，政府（或医保部门）深度介入的两类模式已经是惠民保发展的主要方向。

二 探索可持续发展之路

惠民保主流模式允许既往症患者投保，致力于缓解人民群众高额的医药费用负担，但是，由于基于自愿参保原则运作，其可持续发展面临着逆向选择问题的困扰。提升健康人群参保需求是解决逆向选择问题的关键,在本报告中,健康人群不属于既往症患者,发生目录外高额医药费用的概率较低,但概率并非为零。

为了提升健康人群参保需求,通过行政机制与市场机制的有机融合,主流模式形成了新业态,弥补了单一市场机制难以解决逆向选择问题的缺陷。这方面的探索包括以下两个方面。

(一)分享行政资源,降低运营成本,提升参保人预期净收益,强化健康人群"花小钱买安心"的风险保障意识

基于经典逆向选择理论的分析框架,提升健康人群参保需求要着眼于提升参保人预期净收益,可以从两方面加以落实:一是提升预期赔付水平和理赔的便利性,二是减少投保支出。

通过分享行政资源,政府(或医保部门)明显降低了惠民保的运营成本,有助于提升预期赔付水平和理赔的便利性,减少投保支出,提高健康人群的风险保障需求(见图2)。

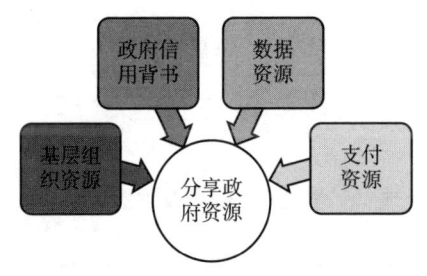

图2 政府或医保部门分享行政资源示例

第一,政府推动型模式动用了基层组织网络进行参保宣传动员。一是在制度建设的起步期把参保率等指标纳入区(县)政府目标责任制考核。二是惠民保的投保宣传推动工作和城乡居民基本医保参保缴费工作同步开展,基本不增加基层政府的工作负担,同时又能充分利用基层网格员的强大动员能力,显著降低了惠民保的营销成本。三是强化健康人群对于自己万一患病和发生高额医药费用情况的重视程度，提高风险保障意识。

第二，在两种主流模式下，医保部门都分享了职工基本医保个人账户的闲置资金，允许职工参保人使用医保个人账户沉淀资金为自己及直系亲属投保①，相当于变相增加了家庭用于缴纳保费的可支配收入，降低了保费负担。已有超过900万名职工参保群众通过医保个人账户划扣方式参保。

第三，两种主流模式下大多数的惠民保项目，医保部门分享了基本医保信息化系统，实施了报销结算一卡刷。全面实现惠民保待遇报销与基本医保待遇报销在全市所有定点医疗机构一次刷卡、一站结算，明显提高了群众理赔的便利性。

第四，两种主流模式下大多数的惠民保项目，医保部门都分享了基本医保数据。通过分享数据资源支持惠民保产品开发，惠民保、基本医保、大病保险和医疗救助的保障范围和保障水平可以有效衔接。

小结：政府分享行政资源，使得惠民保实现了低成本运营，典型城市的惠民保运营费用率都在5%左右（见表2）。

表2 典型的惠民保运营费用率

单位：%

惠民保	运营费用率	惠民保	运营费用率
南太湖健康保	5.97	惠衢保	4.71
浙丽保	4.67	越惠保	5.15

注：表中主要支出包括经纪费用（含宣传、推广费用）、信息技术服务费、窗口驻点服务人员费用、作业服务费用、保险保障基金等。

资料来源：根据上述惠民保项目公开数据整理。

---

① 朱艳霞：《"惠民保"模式向何处去》，《中国银行保险报》2022年9月26日。

（二）提升公益性，激发健康人群的公益助人意识

经典的逆向选择理论假定健康人群没有公益助人意识，但该假定或许并不适用于进入中产阶级社会的我国当下。

近些年，在我国医疗保障领域，慈善捐赠已初具规模。对互联网个人大病救助平台的统计分析表明，2016年以来，通过小额捐赠向大病患者施以救助的参与人数已超过4亿人。以某大型互联网个人大病救助平台为例，2020年，数以亿计的认捐者向经济困难的陌生大病患者伸出援手，平均每位认捐者捐赠近2次，捐赠金额达66.6元；在认捐者的年龄分布上，"80后"当仁不让，以35%的比例成为捐赠主力军，"70后"占比28.3%，"90后"占比22.3%，"00后"也开始崭露头角，贡献了3%的捐赠行为。

为了弥补逆向选择理论的局限，有必要按照风险保障意识强弱以及有无公益助人意识对健康人群进一步分类（见表3）。

表3 健康人群分类及"惠民保"参保行为

健康人群分类	风险保障意识强	风险保障意识弱
有公益助人意识	参保	参保
无公益助人意识	参保	不参保

引导健康人群基于公益助人进行小额投保，属于广义的发展社会公益事业范畴，进入了第三次分配领域。

从政策背景看，党的十九届四中全会提出："重视发挥第三次分配作用，发展慈善等社会公益事业。"第三次分配正在成为我国收入分配改革的一种新的补充形式。具体到通过第三次分配促进"防止因病致贫返贫"体制机制建设而言，《中共中央 国务院关于深化医疗保障制度改革的意见》（中发〔2020〕5号）提出把慈善捐赠作为医

疗保障制度体系的组成部分。

慈善捐赠是第三次分配的主要筹资来源，我国慈善捐赠存在着较为不合理的结构问题，少数企业的大额捐赠占比过高，小额捐赠比例严重偏低，制约了慈善捐赠在第三次分配中作用的发挥，这与公众对慈善组织缺乏信任有关。①

政府推动型模式探索出了"保险+公益"新业态，构建了透明可信的公益化运行制度框架，有效培育了健康人群的公益助人意识（见图3）。

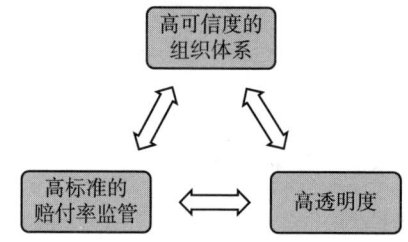

图3 "政府推动型模式"公益化运行框架

第一，依托高可信度的基层组织体系。从中国近几十年的实践看，"基层政府"和"工作单位"是人们最为信任和最为重视的公益助人渠道，经由高可信度的基层组织体系，政府推动型模式打造"保险+公益"新业态，把"花小钱买安心"的个体保险意识和"小投入大善举"的公益助人精神有机结合起来。

第二，赔付率监管标准高，提高了项目的公益性水平。政府推动型模式设置了较为严格的最低赔付率标准，确保保费收入"取之于民，用之于民"。对于健康人群来说，两个惠民保产品的价格相同，一个产品的赔付率不到10%，其保费大部分成为市场机构的利润，另一个产品的赔付率法定要求在90%，市场机构只能"保本微利"，

---

① 邓国胜：《第三次分配的价值与政策选择》，《人民论坛》2021年第24期。

后者显然更容易激发公益助人意识和购买意愿。

第三，运营透明度高，提升健康人群对惠民保项目的信任度。对每年的惠民保项目运行情况进行第三方审计，相关信息对外公布，尽力确保参保人和公众的知情权。

公益化运行和保险机制结合，较好地解决了逆向选择问题，使得政府推动型模式走上了可持续发展之路。2021年和2022年，典型城市的参保率都达到了60%以上（见表4），且平均续保率在84%以上，这说明制度设计有效满足了人民群众尤其是健康人群的需求。

表4 政府推动型模式典型项目参保率

指标	南太湖健康保	浙丽保	惠衢保	嘉兴大病无忧	越惠保
2021年参保率(%)	61.12	85.00	72.99	64.60	66.97
2022年参保率(%)	70.13	93.33	81.46	65.40	71.14
2022年比2021年提升（个百分点）	9.01	8.33	8.47	0.80	4.17

（三）小结

保险的本质是互助共济机制。对健康人群来说，参加医疗保险是为了预防自己万一发生高额医药费用所致经济困境，这是自助的一面；一旦小概率的不幸患病事件没有发生在自己身上时，缴纳的保费就成为对他人的资助，这是公益助人的一面。

惠民保属于小额保险，相比于需要大额保费的险种，由于投保成本较低，更容易激发健康人群的公益助人意识。可持续运行的关键是形成有效的公益化运行机制。

政府推动型模式的参保率比医保部门推动型模式的参保率高出约45个百分点，主要原因在于其打造出"保险+公益"新业态，形成了透明可信的公益化运行机制，构建了公益化筹资、公益化管理和公益化使用的完整链条,成功培育了健康人群"有病得保障,无病做慈善"的互助共济精神。强化公益属性,使保险更可持续。

医保部门推动型模式具有准公益性,虽然不具备公益化运行的完整链条,但是它和政府推动型模式一样,通过分享行政资源降低惠民保运营成本,并致力于提高惠民保的普惠性。按照国际保险监督官协会(IAIS)的建议,普惠性可以用"可及性"度量。普惠性高,也就是对于参保人不限健康状况、不限年龄。惠民保两种主流模式比较如表5所示。

表5 惠民保两种主流模式比较

	政府推动型模式	医保部门推动型模式
运营体系	政府推动,商保承办,公益化运行	医保部门推动,商保承办,准公益化运行
业态	保险+公益	保险+准公益
是否具备激发和维护公益助人意识的机制	具备	只具备某些环节
分享行政资源,降低运营成本	1. 基层政府网格化推动; 2. 基本医保个人账户支付保费; 3. 一站式结算; 4. 基本医保数据共享	1. 基本医保个人账户支付保费; 2. 一站式结算; 3. 基本医保数据共享
提供健康管理服务	尝试	尝试
能否解决逆向选择问题	可解决	部分解决
普惠性程度	高	高

三 制度定位与优化

普惠性程度较高的两种惠民保模式已成为主流,涌现出了"保险+公益""保险+准公益"等新业态,从学理层面,可以统一称之为普惠型补充医疗保险。惠民保的其他三种模式,普惠性程度低,难以解决逆向选择问题，处于衰落态势之中。

在普惠型补充医疗保险试点中，"政府推动、商保承办、公益化运行"的制度新形态脱颖而出，实现了市场机制、行政机制与公益化机制的深度融合，是推进实现共同富裕的重大制度创新，解决了医疗保障体系仍存在的一些体制机制性问题，也解决了逆向选择问题，有力降低了人民群众"因病致贫返贫"风险。

普惠型补充医疗保险成效明显，但仍存在一些薄弱环节，需要进一步优化顶层设计，提升制度定位，在发展进程中加以完善。建议如下。

（一）提升普惠型补充医疗保险在多层次医疗保障体系中的定位

各界对于普惠型补充医疗保险的认识，仍然坚持的是"社会保险和商业保险二分法"，对介于社会保险和商业保险之间、兼具公益性和市场性的"保险+公益""保险+准公益"等新业态，缺乏清晰的制度定位。

为了切实做好巩固拓展脱贫攻坚成果与深化医疗保障制度改革有效衔接，在已经构建基本医保、大病保险和医疗救助三道防线的基础上，应把普惠型补充医疗保险明确定位为"防止因病致贫返贫"第四道防线，作为重大惠民工程加以推进（见图4）。

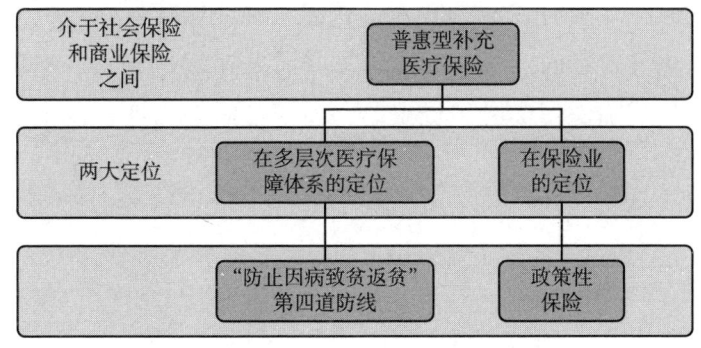

图4 普惠型补充医疗保险的制度定位

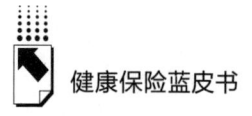

（二）明确普惠型补充医疗保险在保险业的发展定位

根据《中华人民共和国保险法》，除了保险监管部门之外，各级政府和医疗保障主管部门一般不介入商业保险的运营。从与政府的关系角度看，普惠型补充医疗保险与商业保险的区别包括六个方面。一是在采取共保体提供医疗保障方式时，不是由消费者（投保人）自主确定共保体成员，而是由医疗保障主管部门和保险监管部门招标确定共保体成员。二是基于保本微利原则，并非基于营利性原则。三是利用政府基层治理网络进行组织动员，解决了商业保险领域公信力不高和覆盖面小的问题。四是医疗保障主管部门分享基本医保数据资源，与共保体合作制定产品方案，坚守普惠底线。五是职工基本医保个人账户可以划扣购买惠民保产品，利用医保管理中心的结算平台实现一站式结算。六是财政部门用救助资金直接为低收入人群缴纳保费。

从保险业的实践看，政策性保险和商业保险是保险业运营的两大类业务。与纯粹的商业保险不同，政策性保险是为了实现国家特定的政策目标，通过立法推动、政府推动、政策支持等方式开展，典型例子包括农业保险、交强险、安全生产责任保险等。纯粹的商业保险仅采用市场化方式开展业务，各级政府和医疗保障主管部门对于普惠型补充医疗保险经营有较深的介入，普惠型补充医疗保险业务开展同时采用市场化方式和政府推动、政策支持等非市场化方式。把普惠型补充医疗保险明确定位为政策性保险，是对保险业新业态的准确反映。

B.7 普惠型补充医疗保险制度改革案例*

阎建军 施毓凤 施敏盈**

摘 要： 以绍兴市、衢州市和珠海市为例，本报告剖析了普惠型补充医疗保险制度改革典型案例，包括筹资及参保、赔付支出、运营费用和成效等。可以发现，上述普惠型补充医疗保险项目对于老人和既往症患者不设参保门槛，统一保费金额、保障范围和待遇标准，以市场化机制实现社会公益性目标，与基本医疗保险实现无缝衔接，构建起"防止因病致贫"新防线，有效化解了大病重症患者的高额医药费用负担。项目没有增加政府财政支出，整体运行稳健，积极探索向"以健康为中心"转变，实现了可持续发展，在完善多层次医疗保障体系方面迈出了重要一步。

关键词： 普惠型补充医疗保险 医疗保障体系 大病保险 医疗救助

---

* 教育部人文社会科学研究规划基金项目资助(22YJAZH098)。
** 阎建军，中国社会科学院金融研究所创新工程执行研究员，国家金融与发展实验室保险与发展研究中心主任；施毓凤，上海健康医学院护理与健康管理学院副教授；施敏盈，中国人寿保险股份有限公司上海市分公司健康保险事业部原总经理。感谢衢州市医疗保障局、绍兴市医疗保障局、中国人寿珠海分公司提供的调研材料。

一 衢州市"惠衢保"案例

目前疾病仍是导致老百姓返贫的主要因素,个人的医疗费用报销主要还是靠社会医疗保险。但政府构建的三重保障"基本医保、大病保险、医疗救助"都有严格的目录管理,报销范围和待遇水平有限。2021年,衢州市推出"惠衢保"商业补充医疗保险,构建起第四重保障,有效化解了大病重症患者的高额医疗费用负担。"惠衢保"参保人数为169.19万,参保率为72.99%;赔付人数为3.84万人,总赔付额为1.57亿元,赔付率为92.54%。

(一)聚焦制度设计,构建普惠型补充医疗保险新体系

一是围绕定位补充,补齐制度短板。基本医保经过20多年的发展,已经实现全覆盖,成为医疗保障体系的主体部分。但作为"保基本"的基本医保,很多新项目新技术,特别是高价药品、诊疗项目都不在报销范围内。"惠衢保"突破基本医保目录限制,将保障范围扩大到目录内大病报销剩余部分、目录外自费费用和高额特价药购药费用。对个人自负费用按照分段比例报销,实现医保之上更高的保障水平和更好的药品治疗项目。

二是突出普惠公益,实现全民准入。打破以往商业保险的年龄限制、差异化定价等惯例,实现参保人员"四不限":不限年龄、不限职业、不限性别、不限既往病史,且保费与个人疾病风险脱钩。只要参加衢州市基本医保,均可参加"惠衢保",并建立长缴多得激励机制,避免逆向选择。2021年的169.19万参保群众中有25.14万人患有慢病和特殊病种,占参保人数的14.86%;60岁以上老人占比26.67%,其中百岁以上老人328人,最高年龄为110岁(见图1)。

为兜住低收入人群的保障防线,从2022年起,衢州市明确低收

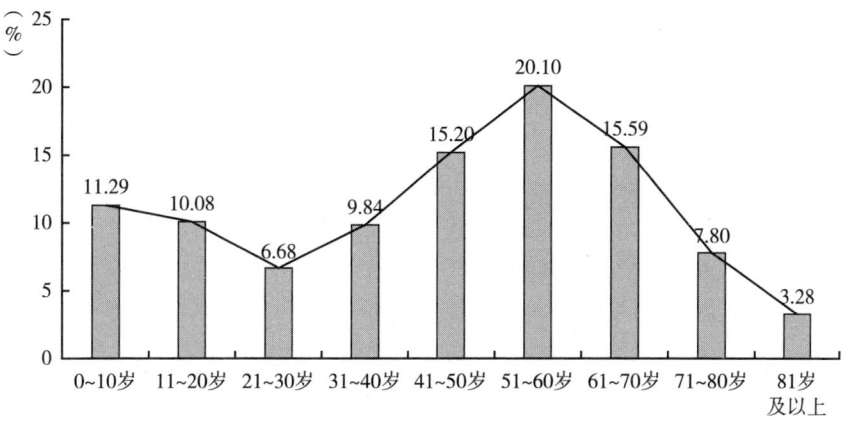

图 1　2021 年"惠衢保"参保年龄结构

入农户"惠衢保"保费由县（市、区）财政承担政策，做到应保尽保、应报尽报（见图 2）。

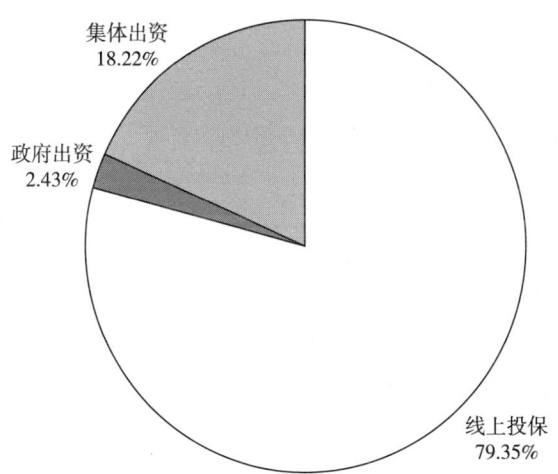

图 2　2021 年"惠衢保"投保出资方式

三是政保协同，以市场化机制实现社会公益性目标。将医保的大数据资源和商保公司精算优势相结合，建立合理的保费和待遇模型。

按照"先定产品、再选公司"的方法，衢州市医保部门根据制度框架和指导原则，先设定"惠衢保"产品内涵、管控指标，后通过公开招标选择承保公司组成共保体，实现保险公司保本微利运行。

（二）聚焦运行监管，形成百姓满意、资金安全的新格局

一是抓好参保率和赔付率两项核心指标。参保率是基础，决定着保障待遇的高低和制度的可持续运行。赔付率关系着老百姓的参保意愿和保险公司的推进积极性。衢州市充分发挥"县乡一体、条抓块统"改革优势，构建"政府+部门+区块+共保体"工作模式，实现上下贯通、条块联动、资源融合、力量集成。根据原定赔付率指标，实行2次补报销。为让老百姓办事"无感"、服务"有感"，共保体3天内完成公司资金申请、拨付、补报销人员信息确认、账号调整、打款等工作，1个月内完成23117人短信提示和电话回访、8358次面对面上门拜访，真正让"惠衢保"惠及百姓，惠及人心，取信于民。

二是用好"一键投保""一站理赔"前后两端服务渠道。全面实施"网上保""掌上保"和线下保，群众通过微信公众号、浙里办等平台即可"一键投保"，通过各线上平台参保的人数占比达80%以上，实现人人易买。"惠衢保"首年集中参保期结束后即实现群众直接刷卡结算，在全省率先真正实现商业补充医疗保险报销的"一站式结算"，既最大限度保障了参保人员的待遇权益，又减轻了商保机构对医疗费用审核的成本和管理风险。

三是管好监督和奖励正反两项激励机制。共保体内部建立定期会商机制，对参保和赔付、基金运行情况进行定期披露通报，资金归集实行专款专户和收支两条线，确保业务、财务、数据三账统一。三家主要承保公司按照每家50万元出资建立奖励基金。根据参保率、参保工作落实情况、日常工作等几方面对承保公司进行考核评分并兑现

奖励基金。同时将考核分列入下一轮"惠衢保"招标评分的加分项，通过考核激励机制提升各家公司的积极性。

（三）聚焦政策实效，实现防止因病致贫返贫的新路径

一是费用补充兜底，大病患者负担明显减轻。2021年医疗费用在20万元以上、10万~20万、5万~10万、1万~5万的参保群众分别降低了自付费用负担31.16%、24.05%、18.23%、9.18%。

二是待遇公平享受，老年群体保障明显提升。2022年共2.33万名60岁以上人员享受"惠衢保"待遇，占总赔付人数的60.68%，减少医疗费用支出9547.17万元，人均减少医疗费用4097元，个人负担5万元以上老人人数减少50.61%。

三是目录外费用纳入保障，群众实际支出明显减少。2021年全市共3.46万名参保人员享受了医保目录外的待遇报销，目录外医疗费用49254.44万元，报销9464.43万元，报销比例达到19.22%。

四是多重保障梯次减负，困难人群受益明显增加。2021年理赔中，困难人群（特困、低保、低边人员）"惠衢保"参保人数6.83万人，占参保总数的4.04%，困难人群理赔惠及面达到9.86%，远高于参保人员总体2.26%的惠及面，人均减少医疗费用1893元。

（四）"惠衢保"2021年度十大典型赔付案例

案例一（最高赔付），被保险人：黄某（女），66岁

具体情况：2021年2~12月因原发性胆汁型肝硬化住院治疗，医疗费用总额149.48万元，个人需要承担费用93.45万元，"惠衢保"报销了37.09万元，减轻个人负担率39.7%。

案例二（企业在职职工），被保险人：张某（男），37岁

具体情况：2021年2~12月因恶性肿瘤接受住院和特殊病门诊治

疗，医疗费用总额 26.48 万元，个人需要承担费用 19.85 万元，"惠衢保"报销了 10.19 万元，减轻个人负担率 51.3%。

案例三（企业退休职工），被保险人：刘某（女），69 岁

具体情况：2021 年因肺恶性肿瘤接受住院和特殊病门诊治疗，医疗费用总额 34.02 万元，个人需要承担费用 13.59 万元，"惠衢保"报销了 6.96 万元，减轻个人负担率 51.2%。

案例四（公务员），被保险人：黄某（男），69 岁

具体情况：2021 年因肺部疾病先后接受住院和特殊病门诊治疗，医疗费用总额 22.04 万元，个人需要承担费用 11.57 万元，"惠衢保"报销了 5.28 万元，减轻个人负担率 45.6%。

案例五（城乡居民），被保险人：陈某（男），75 岁

具体情况：2021 年 4~12 月因肝恶性肿瘤接受住院和特殊病门诊治疗，医疗费用总额 19.13 万元，个人需要承担费用 10.32 万元，"惠衢保"报销了 5.22 万元，减轻个人负担率 50.6%。

案例六（学生），被保险人：叶某（男），11 岁

具体情况：2021 年 4~12 月因血友病接受住院和特殊病门诊治疗，医疗费用总额 20.8 万元，个人需要承担费用 4.43 万元，"惠衢保"报销了 2.10 万元，减轻个人负担率 47.4%。

案例七（教师），被保险人：顾某（男），46 岁

具体情况：2021 年因器官移植等住院治疗，医疗费用总额 73.77 万元，个人需要承担费用 20.74 万元，"惠衢保"报销了 7.72 万元，减轻个人负担率 37.2%。

案例八（低保人员），被保险人：周某（女），58 岁

具体情况：2021 年 5~12 月因卵巢恶性肿瘤接受住院和特殊病门诊治疗，医疗费用总额 13.31 万元，个人需要承担费用 8.13 万元，"惠衢保"报销了 4.22 万元，减轻个人负担率 51.9%。

案例九（高龄老人），被保险人：徐某（女），103 岁

具体情况：2021 年 2~12 月因多种疾病住院治疗，医疗费用总额 53.92 万元，个人需要承担费用 11.08 万元，"惠衢保"报销了 4.73 万元，减轻个人负担率 42.7%。

案例十（婴儿），被保险人：徐某（男），1 岁

具体情况：2021 年 2~11 月因肺炎住院治疗，医疗费用总额 23.22 万元，个人需要承担费用 7.23 万元，"惠衢保"报销了 2.19 万元，减轻个人负担率 30.3%。

二 绍兴市"越惠保"案例

为贯彻落实《中共中央 国务院关于深化医疗保障制度改革的意见》（中发〔2020〕5 号）文件精神，构建多层次医疗保障体系，在绍兴市委市政府的高度重视和正确领导下，在绍兴市医疗保障局、中国银行保险监督管理委员会绍兴监管分局的指导下，绍兴市首款政府指导的商业补充医疗保险产品——"越惠保"于 2021 年 1 月 7 日正式上线。绍兴市"越惠保"专门针对基本医保参保人员，统一保费金额、保障范围和待遇标准，与基本医疗保险实现无缝衔接。经过一年多的实践和探索，"越惠保"让人民群众得到了实实在在的服务和感动。

（一）主要做法

"越惠保"在全省实现了"五个率先"：率先提出对普惠型补充医疗保险开展第三方审计和产品满意度调查，率先开展产品迭代升级和待遇调整，率先基本实现医保目录内外费用全覆盖，率先实施"一老一小"全生命周期完善保障，率先开展困难人员医疗费用"贫困托底保障"行动，对促进全省普惠型补充医疗保险的可持续发展具有典型示范作用，得到多位省市领导肯定。

第一，政策赋能，提升保障水平。聚焦惠民保障，坚持"低保费、零门槛、高保额、全覆盖"，缴费标准每人每年100元，保障待遇最高150万元，理赔范围基本实现医保目录内外的药品、医用耗材、诊疗项目全覆盖。同时，结合全市癌症发病情况和慢性病疾病谱，制定治疗重特大疾病的高额自费药品目录，已从原先的20种增加到48种。"越惠保"有关情况如表1所示。

表1　"越惠保"有关情况

产品名称	2021年"越惠保"——绍兴市商业补充医疗保险			
承保机构	中国太平洋人寿保险股份有限公司浙江分公司、中国人民财产保险股份有限公司绍兴分公司、中国人寿保险股份有限公司绍兴分公司、中华联合财产保险股份有限公司浙江分公司、平安养老保险股份有限公司浙江分公司			
主承保单位	中国太平洋人寿保险股份有限公司浙江分公司			
产品条款	《中国太平洋人寿保险股份有限公司补充保障型团体医疗保险条款》			
保险责任	保障范围	免赔额及费用分段	赔付比例	保额
责任一：自付及转外自理费用保障	在医保定点医药机构诊疗期间发生的符合大病保险报销范围且经基本医疗保险、大病保险、医疗救助及医疗补助报销后的自付及转外自理费用	免赔额同大病保险起付线标准	免赔额以下部分不赔付	50万元
		免赔额以上部分	50%	

续表

产品名称	2021年"越惠保"——绍兴市商业补充医疗保险			
责任二:药品及部分材料自费费用保障	住院和门诊规定病种诊疗期间,在医保定点的就诊医疗机构发生的合理治疗所需的药品自费费用(国家医保目录内超过限定范围的药品费用、国家医保目录外药品费用,不含浙江省大病保险特殊药品费用)和国家医保目录内超过限定范围的血液透析器、血液滤过器、人工关节材料自费费用。其中,绍兴市外异地就医符合上述自费费用按50%计入报销范围,未办理转外就医或异地就医备案的绍兴市外异地就医符合上述自费费用按40%计入报销范围	免赔额1万元	免赔额以下部分不赔付	50万元
		1万元以上部分	60%	
责任三:高额外购自费药品费用保障	凭专科医生开具的处方,在指定药店购买符合《越惠保高额外购自费药品目录》支付范围内的20种药品费用	免赔额1万元	免赔额以下部分不赔付	50万元
		1万元以上部分	60%	
责任四:其他住院和门诊规定病种合理医疗费用保障	在医保定点的就诊医疗机构发生的合理治疗所需的下列费用。 (1)在医保定点医疗机构住院和门诊规定病种治疗期间发生的符合基本医疗保险规定的乙类药品、乙类医疗服务项目、乙类医用材料中按比例自理的费用,不包含转外自理费用。 (2)在医保定点医疗机构住院期间发生的医疗服务项目和医用材料的自费费用。其中,医疗服务项目须符合《浙江省医疗服务价格手册》范围且不属于《越惠保医疗服务项目负面清单》中所列的医疗服务项目,不含责任二中已包含的费用。医用材料须为浙江省药械采购平台内属于集中采购范围的医用耗材,省外就医发生的医用材料以浙江省药械采购平台集中采购的同类医用耗材的价格为限	免赔额4000元	免赔额以下部分不赔付	20万元
		4000元至1万元部分	25%	
		1万元以上部分	40%	

续表

产品名称	2021年"越惠保"——绍兴市商业补充医疗保险
增值服务	药店购药直付、援助用药申请指导(PAP)、国内预约购药及配送服务、肿瘤基因检测专属福利、重大疾病早筛服务
等待期	无
投保年龄	无年龄限制
适用人群	绍兴市基本医疗保险参保人员(含职工医保、居民医保)
保险期间	2021年1月1日0时至2021年12月31日24时
保费	每人100元/年

第二，数字赋能，优化便民服务。一单式参保：通过"越惠保"公众号等渠道按下"一键"即能实现"越惠保"参保，支持线上缴费及个账扣款；同时针对不同年龄、不同需求群体推出线下集体参保、银行网点转账参保方式。一站式结算：依托智慧医保系统，刷卡直接结算。一窗式服务：在医保经办窗口设立"越惠保"服务窗口，对不符合"一站式"结算的医疗费用，实行"一窗受理、后台联办"，实现理赔"最多跑一次"，2021年窗口服务8200多人次，惠及金额302.24万元。一键式送达：开通高额外购药品"事先审核、购药直付"和药品直接配送服务，群众通过"越惠保"微信公众号线上申请，经审核符合条件的，参保群众不必垫付"越惠保"报销金额。

第三，机制赋能，促进持续发展。全过程规范合作：建立"越惠保"业务联席工作机制，医保、银保监与共保体成员单位定期沟通会商，处理实施过程中出现的相关问题。2021年，共计开展36次会商，解决超50件问题。全方位标准运行：6月21日，联合银保监分局率先在全省出台《绍兴市普惠型补充医疗保险全流程经办管理工作规程》，形成产品运行全链条、经办服务全流程、内部管理全环节的规程体系，实现项目实施的闭环长效管理，填补了全省普惠型补充医疗保险缺少系统性、长效性、自生性管理制度的空白。全流程公开透明：委托第三方调查机构对项目实施情况进行民意调查和审计，接受社会监督，确保项目实施的公信力；通过主流媒体定期发布理赔报告，做到数据公开透明，维护参保群众权益。

（二）主要成效

绍兴"越惠保"的实施，不但弥补了以往基本医疗保险与传统商业保险未能有机结合、存在"硬隔阂"的短板，而且有效减缓了因病致贫因病返贫情况的发生，助推"扩中提低"目标的实现。2021年"越惠保"理赔后，患病群众医保综合水平提升了5.79个百分点，其中总费用4万元以上人群赔付费用占比达90%以上，降低了患大病家庭的费用负担。特别是"越惠保"有效提高了肿瘤和慢性病的保障，"越惠保"对肿瘤医疗保障率达44.58%，慢性病医疗保障率达10.28%。70周岁以上老年人的理赔支出9576.16万元，资金赔付率197.78%。

减轻了人民群众在医保目录外的就医费用负担，2021年赔付金额22349.26万元。降低了医保目录外的特殊药品费用负担，2021年共计赔付1534人次特殊药品费用，赔付金额1595.43万元。

1. 参保情况

2021年度"越惠保"参保人数3068466人，参保人数占全部基本医保参保人数的66.97%，基金筹资总额为30684.66万元。

"越惠保"作为惠民工程在保费支付路径的选择上为参保人提供了多种方式，主要包括基本医保个人账户缴费，微信、支付宝线上缴费，单位、集体经济线下参保及财政出资等方式。其中，医保个账支出参保1385779人，占比45%；线上缴费支出参保1101061人，占比36%；集体参保552676人，占比18%；财政出资资助老年人群、困难人群参保28950人，占比1%（见图3）。

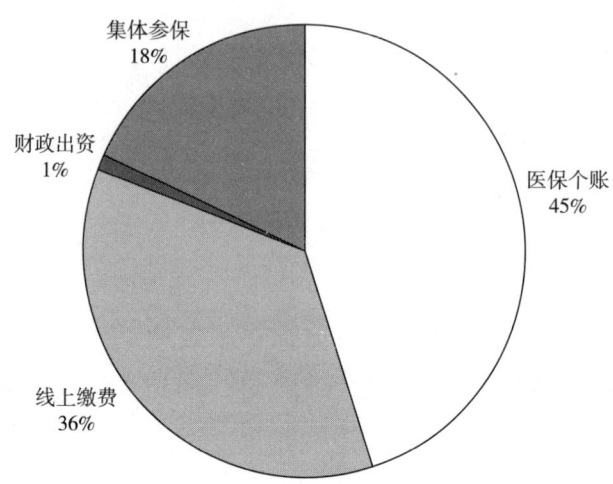

图3 "越惠保"全市参保缴费方式情况

从参保年龄看，全市"越惠保"参保人平均年龄为47.63岁，年龄最大的为107岁的老人，最小的为出生7天的新生儿（见图4）。①

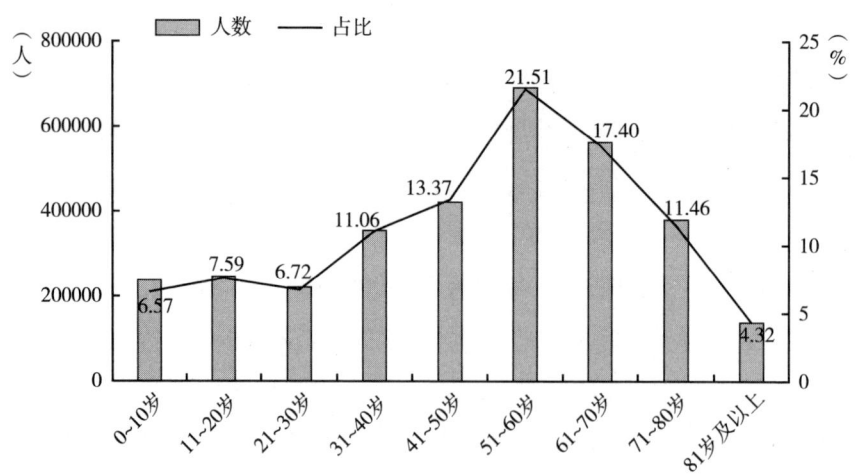

图4 "越惠保"全市参保人年龄分布情况

---

① 胡诚浩：《"越惠保"减轻群众就医负担》，《绍兴日报》2022年5月14日。

2. 赔付情况

2021年度总计赔付金额为27755.91万元,赔付率为90.46%。

责任一赔付费用5406.65万元,占比19.48%;责任二赔付费用1118.23万元,占比4.03%;责任三赔付费用1595.43万元,占比5.75%;责任四赔付费用最多,赔付19635.60万元,占比70.74%(见图5)。

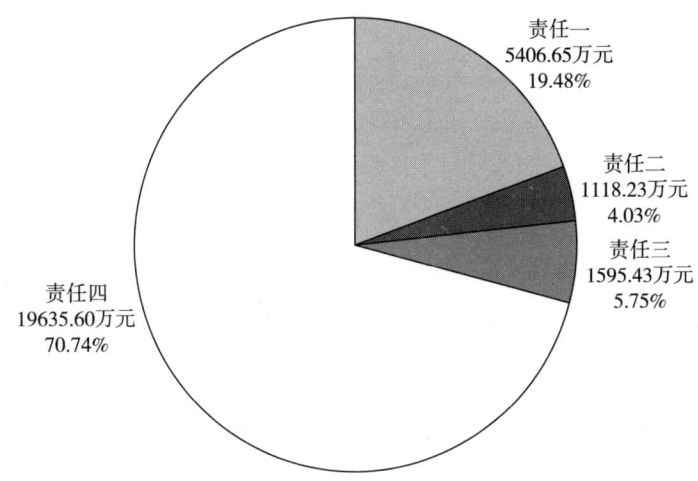

图5 "越惠保"各责任赔付金额及占比

2021年度"越惠保"为全市62251个家庭34万多人次减轻医疗负担,人均赔付额4458.71元,最高赔付41.08万元。享受"越惠保"待遇报销的人数占全市住院就诊人数的16.85%,即每6个住院病人就有1人用到"越惠保"的保障,[①] 综合医疗保障水平提升5.79个百分点;受益对象最高年龄102岁,最小年龄为2021年3月出生的新生儿。

---

① 胡诚浩:《"越惠保"减轻群众就医负担》,《绍兴日报》2022年5月14日。

3. 运营费用情况

2021年度共发生费用1581.28万元，占基金收入的5.15%；主要支出包括以下四个方面：业务宣传（37.22%）、人力成本（27.61%）、保险保障基金及监管费（16.69%）、技术服务（12.24%）。

4. 电话回访

自开通热线电话、微信工作群等方式的渠道以来，2021年"越惠保"共解决电话问询、查询修改等呼入类12.2万余件，通知参保人理赔结果、收款情况等呼出类12万余件，电话接通率为90%以上。

5. 2021年度审计情况

经审计确认，2021年度"越惠保"相关基金筹资及赔付结算符合政府部门相关管理规定及承办协议约定，参保人数、保费收入、赔付支出、责任变更等内容及赔付数据真实无误。审计认为"'越惠保'大幅降低了患病家庭的医疗费用支出，有效减缓了因病致贫因病返贫情况的发生，得到了参保群众的高度认可，整体社会反响较好"。

民意调查结果显示，"越惠保"政策宣传满意度为94.1%，价格实惠性满意度为94.7%，参保条件满意度为95.0%，理赔满意度为95.7%。

（三）特色服务

1. 集中赔付仪式

2021年"越惠保"分别在六个区县市举行集中赔付仪式，现场对年度"越惠保"主要运营情况进行通报，并邀请参保获赔群众代表集中领取理赔金。

2. 越惠暖心医保

市医保局携手"越惠保"共保体，在全市启动"越美医保 越惠越暖心"主题活动,对 2021 年困难人员在就医过程中发生的个人负担医疗费用超过 5 万元以上的部分进行帮扶化解。

(四)2021年度十大典型赔付案例

案例一,参保人:赵某(女),8 岁

具体情况:2021 年因感音神经性耳聋在绍兴本地及市外医院发生 2 次住院治疗,医疗总费用 36.81 万元,医保总报销 0.52 万元,"越惠保"减轻个人医疗负担 13 万元。

案例二,参保人:单某(女),19 岁

具体情况:2021 年因气胸在绍兴市外发生 1 次住院治疗,医疗总费用 2.3 万元,医保总报销 0.2 万元,"越惠保"减轻个人医疗负担 0.42 万元。

案例三,参保人:冯某(女),32 岁

具体情况:2021 年因胰恶性肿瘤在绍兴市外医院发生 1 次住院治疗,医疗总费用 9.83 万元,医保总报销 2.37 万元,"越惠保"减轻个人医疗负担 2.21 万元。

案例四,参保人:俞某(男),38 岁

具体情况:2021 年因多处三度烧伤在绍兴本地医院发生 2 次住院治疗,医疗总费用 27.16 万元,医保总报销 16.69 万元,"越惠保"减轻个人医疗负担 2.8 万元。

案例五,参保人:施某(女),39 岁

具体情况:2021 年因房室传导阻滞在绍兴市外医院发生 1 次住院治疗,医疗总费用 11.02 万元,医保总报销 3.07 万元,"越惠保"

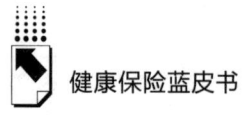

减轻个人医疗负担 2.26 万元。

案例六，参保人：徐某（男），41 岁

具体情况：2021 年因创伤性脑出血在绍兴本地及市外医院发生 3 次住院治疗，医疗总费用 20.2 万元，医保总报销 11.04 万元，"越惠保"减轻个人医疗负担 2.29 万元。

案例七，参保人：刘某（男），55 岁

具体情况：2021 年因偏瘫在本地及市外医院发生 9 次住院治疗，医疗总费用 16.03 万元，医保总报销 9.3 万元，"越惠保"减轻个人医疗负担 1.55 万元。

案例八，参保人：陈某（男），66 岁

具体情况：2021 年因慢性心力衰竭在绍兴本地及市外医院发生 3 次住院治疗，医疗总费用 19.53 万元，医保总报销 5.91 万元，"越惠保"减轻个人医疗负担 4.74 万元。

案例九（全市最高赔付），参保人：马某（男），77 岁

具体情况：2021 年因重症肺炎在本地及绍兴市外医院发生 4 次住院治疗，医疗总费用 139.71 万元，医保总报销 47.16 万元，"越惠保"减轻个人医疗负担 41.08 万元。

案例十（特药赔付金额最高案例），参保人：李某（男），78 岁

具体情况：2021 年因多发性骨髓瘤在指定药店购买高额外购药品，药品总费用 46.1 万元，医保报销 0 元，"越惠保"减轻个人医疗负担 27.07 万元。

三 珠海市"大爱无疆"案例

（一）概述

附加补充医疗保险"大爱无疆"项目2019年开始在珠海推行，三年来，"大爱无疆"项目在完善珠海市多层次医疗保障体系和探索向"以健康为中心"转变等方面均取得了非常不错的成效，项目整体运行稳健，实现可持续发展，参保人幸福感、获得感显著提升。

三年来，项目累计服务投保人数超120万人，其中年龄最大的114岁，年龄最小的刚出生10天，赔付总金额3.13亿元，个人赔付累计最高金额89.77万元，人均赔付金额2.5万元，受益人数1.27万人，赔付案件量达3.48万件。[①]

项目获得2019年广东医改十大创新典型提名、2020年珠海"金融助力特区成长40周年保险改革创新奖"、2020年广东省市直机关"先锋杯"工作创新大赛优秀作品，入选2021年《人民日报》评选的全国多层次医疗保障优秀案例、2021年"健康保险蓝皮书"普惠型补充医疗保险制度改革典型案例、2021年"医疗保障蓝皮书"医保扶贫发展的地方案例，得到了社会各界的高度认可。

（二）回顾2021

"大爱无疆"投保对于老人和患者不设参保门槛，每人每年保费190元，具有无门槛、低保费、高保障、公益性等特性，用心、用情守护着千万家庭的健康。

---

① 王芳：《"大爱无疆"投保人数超120万》，《珠海特区报》2022年4月12日。

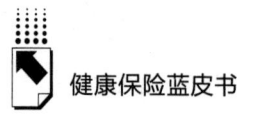

1. 为83.44万参保人筑起防线

2021年度"大爱无疆"参保人数为83.44万人,为参保人建立起"基本医保+大病保险+大爱无疆"的多层次医疗保障体系。

第一,为数千家庭送去温暖。2021年度"大爱无疆"共有5336人获得赔付,赔付案件19311件次,赔付总金额1.12亿元,平均每天为参保人送去30.7万元赔付,为不同年龄段参保人提供健康保障,有效减轻珠海罹患重大疾病患者家庭的经济负担。2021年度"大爱无疆"理赔十大案件如表2所示。

第二,关注高发恶性肿瘤,年度累计新增抗肿瘤自费药23种。珠海市男性高发的5种恶性肿瘤主要有肺癌、甲状腺癌、肝癌、鼻咽癌、结肠癌,女性高发的5种恶性肿瘤则主要是甲状腺癌、肺癌、乳腺癌、肾癌、子宫内膜癌,其中肺癌和甲状腺癌占比最高。"大爱无疆"关注多种高发恶性肿瘤,为参保人提供多种抗肿瘤药品,年度累计新增抗肿瘤自费药品23种、适应症39个,共计赔付390人1944

表2 2021年度"大爱无疆"理赔十大案件

单位:万元

序号	疾病	大爱无疆报销
1	呼吸衰竭	64.00
2	肺恶性肿瘤	52.26
3	膀胱恶性肿瘤	45.89
4	脑出血	45.09
5	肺恶性肿瘤	44.41
6	脓毒血症	42.25
7	脑梗死	42.01
8	脑出血	38.09
9	肾衰竭	29.63
10	肺恶性肿瘤	27.67

人次，人均自费药补偿获赔 6.72 万元。① 其中使用人数最高的药品分别是欧狄沃、爱博新、多美素。

2. 提供癌症早期筛查服务

风险筛查和早诊早治是目前普遍认同的降低癌症发病率、死亡率的有效方法，早期发现癌症是控制恶性肿瘤的重要手段。因此，开展癌症早期筛查尤为重要。

2021年"大爱无疆"项目在原有医疗保障基础上升级推出新的健康管理服务"爱健康"行动，聚焦珠海高发的5种恶性肿瘤，为参保人提供早期筛查和检测等服务。当年67958人参与了癌症早期筛查，1626例完成了各类专项检测并获得报销90%的专项检测费用，518例被确认为癌前病变，1例确诊肺癌并得到了早期治疗。

"大爱无疆"项目对筛查出不同风险等级的参保人提供个性化的干预和连续性跟踪等健康管理服务，对确诊的参保人进行理赔，同时提供就医引导和用药的跟踪服务。"爱健康"行动通过开展癌症"早查早诊早治"服务，促进珠海从"以疾病为中心"向"以健康为中心"转变，提升参保人健康获益。

3. 科技赋能更便捷，实现"零跑腿"业务办理

"大爱无疆"一直秉承"以人民为中心"的服务理念，通过科技助力暖心服务，为人民群众的美好生活保驾护航。

创新多种投保缴费方式。除普通银行账户缴费、单位统一缴费外，允许通过医保个人账户为自己和家人缴纳保费，充分利用医保个账资金，实现家庭共济。其中，医保个人账户缴费在所有投保缴费方式中占比超70%，医保个人账户还能实时扣费，大大提升了参保便捷度。

推进理赔服务增速增温。"一站式"联网结算全国都能报销，实

---

① 王芳：《"大爱无疆"投保人数超120万》，《珠海特区报》2022年4月12日。

现"无需垫付、无需跑腿、无需提交理赔申请资料"的"无纸化"理赔流程。参保人还可直接通过微信线上进行理赔，随时随地提交理赔申请，赔款最快次日可到账，给参保人带来"零跑腿""超速度"的全新理赔体验。

此外，"大爱无疆"搭建高效便捷的线上服务平台，提供投保、理赔、修改缴费方式等十多项业务微信"掌上办"服务，实现业务足不出户就能办。同时在全市开设14个服务窗口，覆盖各三级医院、社保办事处，方便参保人就近办、多点办，为各参保人提供便捷服务，真正做到便民利民。

（三）2022年新举措

2022年度"大爱无疆"保障全面升级，升级后总保额高达200万元，较原方案提升保额超100万元，涵盖7大补偿责任，实现"两新增、一扩大、一提升"，保障更加充分。

1."四大亮点"为健康加码

在保险责任方面，新增国家谈判药门诊费用补偿和见义勇为人身医疗费用补偿两项保险责任，保险责任升级至7大项；在健康管理服务方面，"爱健康"行动特定病种筛查范围从5种常见恶性肿瘤扩大至7种高发恶性肿瘤，分别是肺癌、结肠癌、直肠癌、胃癌、食管癌、乳腺癌、鼻咽癌，其中乳腺癌和鼻咽癌为新增的2种恶性肿瘤病种；在保障额度方面，个人负担医疗费用补偿保额从原来的3万~30万元（含30万元）升级到3万~100万元（含100万元），能更有效地帮助缓解参保人的医疗费用负担问题，防止因病致贫、因病返贫现象的出现。

此外，"大爱无疆"针对本市户籍特困人员、低保对象，对其中两项补偿责任进行了适当放宽：恶性肿瘤自费药补偿上，投保前已患恶性肿瘤的，恶性肿瘤自费药补偿支付比例由60%放宽至90%；个人负担医疗费用补偿上,起付线由3万元放宽至1万元,进一步提升困难参保人的保障待遇,守住民生保障底线。

2.响应政府号召,全面推行健康中国大行动

2022年"大爱无疆"响应珠海市政府促进全民健康的号召,全面支持健康中国建设,推出"健康珠海 大爱同行"健康中国大行动,助力珠海市多层次医疗保障体系建设。通过中国人寿保险股份有限公司珠海分公司授权的"大爱无疆"推广大使,参保人可获得投保办理、理赔咨询以及健康筛查服务等一系列便捷、贴心的一对一专属服务,受惠更多珠海市民。目前,"大爱无疆"推广大使已在社区、村居、学校等场所开展了系列推广活动,用实际行动为民服务。

B.8 惠民保可持续发展研究

万小龙　汤培培　熊笛颖　刘畅　潘佳奇*

摘　要： 通过深入调研惠民保发展模式、产品设计、参保现状、理赔现状，考察各方考量、隐藏风险和潜在价值，本研究报告提出从筹资、支付和数据共享三方面促进惠民保的可持续发展：一是通过完善定价、改进服务、主管部门支持开放职工基本医保个人账户、提升消费者风险保障意识等方面提升健康人群参保率；二是科学划定保障范围，创新支付方式；三是实现数据共享，提升运营效率。

关键词： 惠民保　医疗保险　医疗保障体系

前　言

城市定制型商业医疗保险（以下简称"惠民保"）最早于2015年在深圳市萌芽，后经过几年间在南京、珠海等个别城市的零星探索，得到了初步发展。2020年，中共中央、国务院发布《关于深化医疗保障制度改革的意见》，地方医保局、银保监局、金融局等部门

---

* 万小龙、汤培培、熊笛颖、刘畅、潘佳奇均任职于上海镁信健康科技有限公司；来自中国人寿再保险有限责任公司的张楚、王明彦、陈广忠、位双双、张骥、王尔实、丛芳野对本文亦有贡献。

响应国家战略纷纷参与；国寿、人保、太保、中再等国家队保险公司在惠民保业务中发挥主力军作用，主动作为，彰显国企担当；第三方服务公司充分发挥医药险"行业连接器"作用，通过模式创新助力惠民保业务创新和升级。荟萃行业先锋力量的惠民保业务在2020~2021年呈现井喷式增长。据有关部门统计，截至2021年底，已有27个省份推出了200余款"惠民保"产品，参保总人次达1.4亿，保费总收入已突破140亿元。[①] 2020年和2021年是惠民保高速发展的两年，参保人数和保费规模经历了倍数增长，同时惠民保也经历了市场政策规范、产品迭代升级、运营上大浪淘沙的过程。惠民保的发展让保险行业看到中国居民对医疗保障的需求，居民对保险的需求仍待商保深入挖掘，同时让医药行业看到商保有望成为基本医保外新的医药支付方的潜力。

发展至今，市场已经普遍认可惠民保带来的价值，一是利好低收入群体、重大疾病群体、老龄群体，二是有望在多层次医疗保障体系中发挥更大作用。2021年，随着约50款产品进入续保，承保险企纷纷以开放既往症、拓宽保障范围、调低免赔额、提升赔付比例等方式升级产品，但是随着前端不断放宽投保门槛，引发了市场对险企后端长期理赔运营问题的担忧。例如，在部分城市参保率有限及竞争之下存在定价测算不足、健康体退保可能引发死亡螺旋、部分城市赔付率高企面临赔付风险，以及未来产品续保不确定性等问题，都影响着惠民保产品的稳定及长期经营能力。另外，惠民保的产品形态与百万医疗险相似，但价格更普惠、投保门槛更低，使民众也发出困惑："买了惠民保，我还需要买百万医疗险吗？"随着惠民保保障的迭代升级，市场也出现"惠民保是否会挤压百万医疗险的发展空间""百万

---

① 肖扬：《7年1.4亿人次参保 惠民保可持续发展受关注》，《金融时报》2022年6月22日。

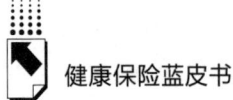

医疗商业保险或被取代"的声音。① 惠民保业务的未来走向也引发政府监管部门、学术界、保险行业、医药行业等专家的关心和热烈讨论。

行业关注点主要集中于如何促进惠民保可持续发展，包括提升参保率和优化产品设计、合理控费以降低赔付风险。从国际经验看，通过基金支付方与药物企业签订风险分担协议来创新药物医保/商保准入后的基金运行风险是通用的方法，即联动医药产业参与基金风险共担的机制创新和技术创新。另外，保险行业长期以来探索开展的健康管理，进行"服务+控费"双循环实践也为破解惠民保可持续发展难题提供了宝贵经验。②

展望未来，我们认为惠民保的高质量发展仍有很多问题有待解决。例如，如何对惠民保产品进行更精细化的设计。像罕见病保障责任的设计，地方政府强烈呼吁要求罕见病纳入惠民保保障范围，对于有家族遗传性疾病特点的罕见病而言，在发病特征上具有聚集性发生的特点，且动辄几十万元、上百万元的疾病治疗成本对惠民保的赔付风险较大，在产品设计上应区别于普通肿瘤疾病。又如，商保清单如何与产业联动，如何打造可持续、有竞争力、有感的健康服务生态。

一 惠民导向，政商融合共建

惠民保持续引爆市场，累计上市产品202款（由于部分项目的首年与续年责任发生了调整，本次统计时首期与续期算作两款产品），

---

① 《北上广惠民保争先升级2.0版本 百万医疗商业保险或被取代?》，《时代周报》2021年11月20日。
② 《泰康在线副总裁丁峻峰谈惠民保：产品迭代升级新模式涌现 探索可持续发展路径》，今日保，https://insure123.cn/archive/detail/id/711.html。

涉及27个省、直辖市以及110个城市，另有全国版惠民保产品7款，均在2020年上市销售。

在上市产品中，有54款产品上市后未观察到参保量或者参保量很低，其可参考意义不大，因此我们在参保率等相关指标分析中予以删除，保留有显著参考意义的有效产品。另外，在统计中深圳惠民保共有两款，一款是"重特大疾病补充医疗保险"，其相当于各地的大病险；另一款是"专属团体医疗保险"，以6年期参保为主，也明显区别于其他地方惠民保，因此也暂不列入统计分析范围。

本报告整体分析相关指标的有效产品数量为152款（见图1）。

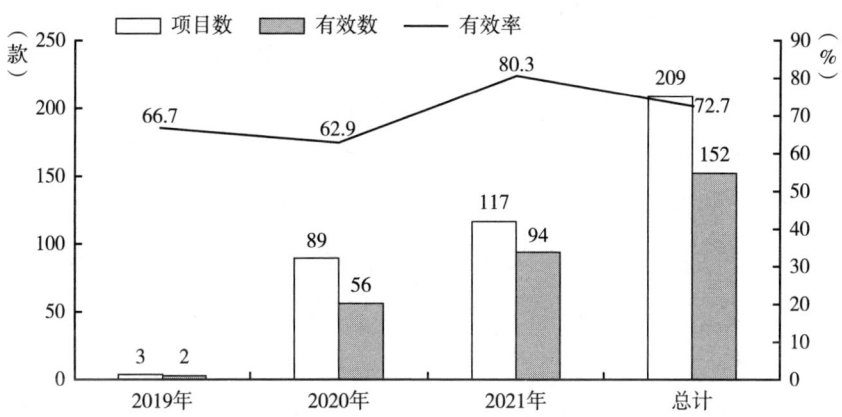

图1 惠民保整体上市产品统计

以产品上市年份作为分析维度，不管是整体惠民保产品数量，还是有效惠民保产品数量，均在近两年实现了飞速发展。其中，2021年上市的有效产品高达94款，累计参保人数10117万，较2020年的4011万大幅度提升，增长率高达152%，这是惠民保的覆盖人群和普惠程度有效拓展的最直观体现，是政府、监管、保险业以及产业链诸方共同努力的成果。

在诸多城市项目中，存在2020年产品上市但是生效时间是2021

年或者上市时间是2021年而生效时间是2022年的普遍现状，基于此，本报告在进行时间维度相关分析时会予以说明。

（一）由点到面扩容，由浅至深耕耘

1. 由点到面扩容：覆盖城市迅速扩展

从保障区域来看，惠民保覆盖区域逐渐扩大，呈现东南沿海城市引领全国的趋势。具体来看，浙江引领全国，广东紧随其后，山东跟上，东北地区虽然上市了一些项目，但是整体参保率比较低，河北、河南作为两个人口大省，无论是上市数量还是参保人数都比较低，有较大的后发潜力。从城市发展角度来看，经济发达地区以及直辖市参与程度高，参保人数相对较多，典型代表如上海、杭州、广州等。

2. 由浅至深耕耘：参保比例逐年提升

基于有效惠民保产品，以产品上市作为分析维度，截至2021年12月31日的整体参保率为6%。在维持上市产品量迅速增长的同时，2021年上市的项目参保率为9.1%，较2020年整体4.2%的参保率提高了4.9个百分点，即在数量增长的同时也实现了项目整体质量的提高（见图2）。

将参保率分为不同的区间，从不同参保率区间的产品分布角度来看，整体呈现两极分化的趋势，尤其是进入2021年后，即产品集中分布在较低参保率（小于15%）和较高参保率（大于30%）的区间内（见图3）。2021年的参保率高于10%的产品数量占比为47%，与2020年的29%相比有显著提升，即在不同参保率区间内产品分布的维度也有明显的质量提升。

从省份的维度来看，东南部沿海以及西南部地区参保率较高，其中浙江省的参保率最高，直辖市包括上海沪惠保、北京普惠健康保、重庆渝快保（持续更新中）也有较高的参保人数。参保率Top20城市如图4所示。

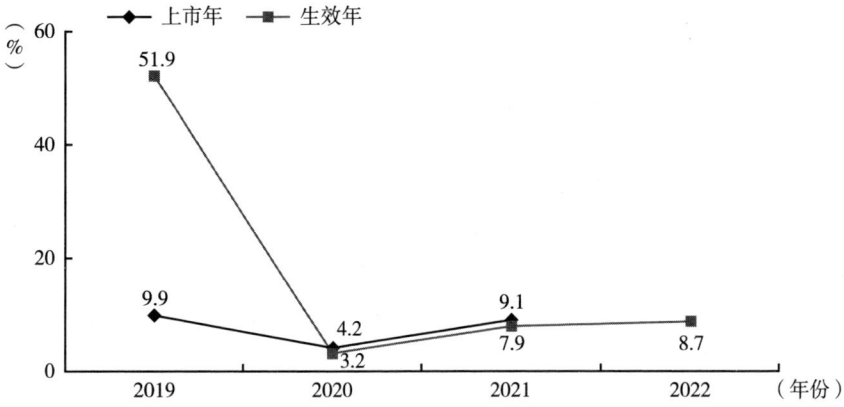

图 2　按上市年和生效年的参保率趋势

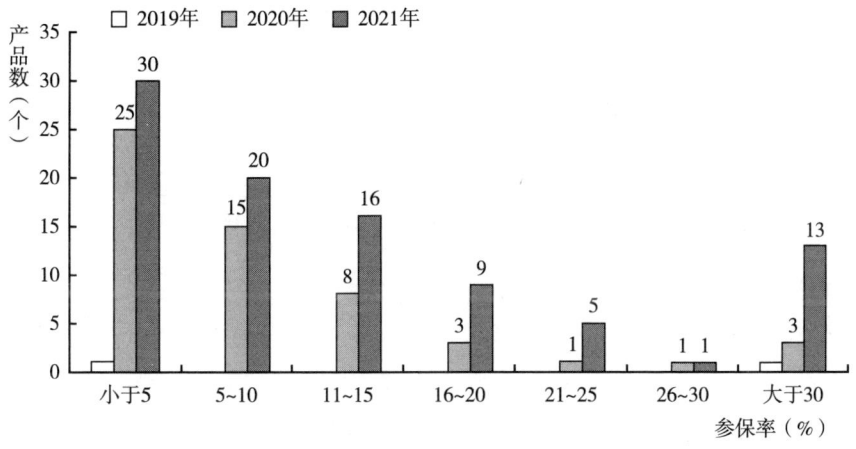

图 3　产品参保率区间分布

（二）地方政府心系普惠，标杆城市躬身入局

惠民保的快速和高质量发展离不开政府的参与和支持。2020 年 11 月，中国银保监会发布《关于规范保险公司城市定制型商业医疗保险业务的通知（征求意见稿）》，强调"产品开发设计需要基于基

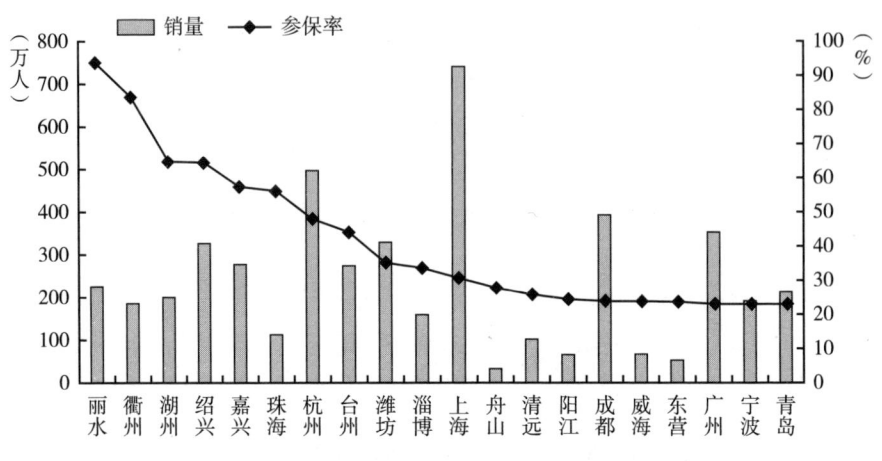

图 4 参保率 Top20 城市

本医保和大病保险等有关数据","加强与地方相关部门的沟通协调",自此以后政府参与项目开始成为主流,纯商业版惠民保(无政府参与)的数量逐渐减少。

1. 推进基本医保改革,构建地方保障特色

本文主要分析医保局参与的考量因素。一是基本医保"保基本"定位难以满足患者多层次需求。我国基本医疗保险制度定位于"保基本",因此在此保障制度下部分群众尤其是重特大疾病患者的疾病经济负担仍较重,研究表明2001~2020年20年间,我国灾难性卫生支出的总体发生率仍高达13.6%,肿瘤患者家庭灾难性卫生支出发生率高达95%以上,2020年3月5日,国务院发布《关于全面深化医疗保障制度改革的意见》,提出要促进多层次医疗保障体系发展,成为惠民保市场爆发的重要契机,从各地政府(医保局牵头)对"规范惠民保发展"的政策发文内容看,医保局最大的诉求仍然是惠民保能够紧密衔接基本医疗保险,减轻老百姓的医疗费用负担,缓解因病致贫因病返贫的问题。

二是待遇清单制度下保障参保者待遇稳定性和支持地方医药产业

发展也促使医保局探索新的保障机制。2021年8月国家医保局正式发布《关于建立医疗保障待遇清单管理制度的意见》，要求"国家统一制定国家基本医疗保险药品目录，各地严格按照国家基本医疗保险药品目录执行，除国家有明确规定外，不得自行制定目录或用变通的方法增加目录内药品"。张璐莹、陈文认为该政策影响下各省级医保局不再具有调整基本医疗保险目录的权限，前期省级医保管理部门通过医保目录优先准入方式对本地生物医药企业的创新产品给予政策性支持，失去可调整的制度环境。此政策除了对本省生物医药企业带来影响以外，也引发参保者福利待遇和获得感下降，设置特药目录的惠民保无疑成为各地"小医保目录"新的替代品。①

2. 以城市普惠为初心，尽地方政府之推力

由于各地政治、经济环境差异，各地医保局等部门因地制宜，以不同形式参与支持多层次医疗保障体系建设。当前参与模式主要分为以下四种：政府支持、医保指导、政府推动和政府主导。

一是政府支持模式。最开始政府仅出席产品发布会，为项目站台，参加的部门有地方市政府、银保监局、民政局、卫健委、工会等。

二是医保指导模式。由医保局牵头，联合银保监局、财政局、税务局等其他部门指导实施，部分地方政府还通过发布政策文件规范发展模式，包括但不限于如医保局为产品设计提供成本测算支持，明确产品开放既往症、不限人群与保险公司约定赔付率，投保时提供医保个账支持，产品发布时提供官方宣传或者提供官方App协助投保等，在实际落地时，各地医保局以及地方政府支持方式形式不一。

三是政府推动模式。在医保指导模式的基础上，医保局还要参与

---

① 张璐莹、陈文：《中国普惠型商业医疗保险发展研究》，复旦大学出版社，2021，第19~21页。

整个产品设计,在推广方面提供一定的行政手段支持,尤其是由各级基层政府加入,而不仅仅依靠医保局或其他类似民政局、工会、财政局、金融局等行政部门介入,甚至部分地市将参保率纳入基层党委政府绩效考核以行政督导形式保障高参保率,例如浙江省的部分城市。

四是政府主导模式。该模式政府参与程度最深,几乎以政府为主,政府主导产品设计,在筹资方面直接随大病保险缴费由行政代缴,例如深圳、金华。四种政府参与形式对比如表1所示。

表1 四种政府参与形式对比

参与程度项目状况	政府支持	医保指导	政府推动	政府主导
参与形式	出席发布会	发布实施方案	发布实施方案	发布管理办法
产品设计	不参与	提供数据	参与设计	主导设计
既往症	不保/可保不赔	可保可赔	可保可赔	可保可赔
筹资支持	不参与	官方宣传	市场先行,行政补充	代扣代缴
参保率	0.8%~18%	18%~38%	40%~86%	50%~90%

3. 个账活化彰显力度,民众认可积极参与

以医保局为代表的政府机构,其支持力度的最直观体现是个账是否开放投保,经对比发现,个账的开放是影响参保率的重要因素之一。

从整体市场来看,个账支持投保参保的平均参保率为15.1%,远高于无个账支持的3.8%,2021年超过一半的产品项目放开个账投保支持(包含首年投保以及续期产品),较2020年个账支持产品大幅度提升。2021年主要的参保量贡献也来自个账开放的城市,个账开放城市的参保量达到2021年全市场参保量的70%。

对政府参与的项目进行分析,2020~2021年的项目中,有政府参与(包括以上四种政府参与模式)且放开个账支持的参保率为15.3%(只要是个账支持,我们均假定有政府参与行为),远高于有

政府参与但是并没有放开个账支持的城市项目参保率（平均参保率为7.7%）。2020~2021年的演变过程中，政府参与的项目中个账放开比例大幅度提升，2021年已达到64%。

政府的参与和支持是惠民保良性快速发展的重要因素，2020~2021年政府的参与和支持力度在明显提升，从政府行为角度判断惠民保未来将逐渐成为多层次保障体系中至关重要的一环。

（三）保险机构挺膺负责，突破传统商保边界

上文政府参与模式分析已经指出，以医保局为代表的政府机构在参与和支持的同时，也对惠民保提出了一定的需求，不管支持力度如何，对保障人群的拓展都是普遍性要求，可见政府的参与成为确保惠民保产品普惠性的重要保障。众所周知，传统商业健康险对于年龄、健康状况有严格的要求，导致很多老年人、次标体、重大疾病患者都无法投保商业健康险，这也导致传统商业健康险与基本医疗保险严重脱节。但是在惠民保中，除个别项目外，都可以做到全人群投保，原先被商业保险拒绝的人群可投保范围实现了质的突破，这激发了相应人群的投保热情，也让商业健康险行业充分意识到非高净值人群在保险端的需求仍是有巨大潜力的。

1. 不限投保年龄，破局老年群体保障缺失

根据各地惠民保人群的年龄结构汇总粗略统计，60岁以上人群整体占比约为35%。图5是本次报告分析挑选的两个典型城市的参保人群年龄结构状况，这两个城市都是参保率高于30%的城市，不存在严重的年龄方面的逆选择。

从医保参保人群角度，城市A居民较年轻，城市B老龄化程度较高，在两个城市老年人的惠民保投保积极性都很高，50岁以上人群占比分别达42%和50%，60岁以上人群占比分别达24%和34%，充分体现了对高龄老年人的保障覆盖。

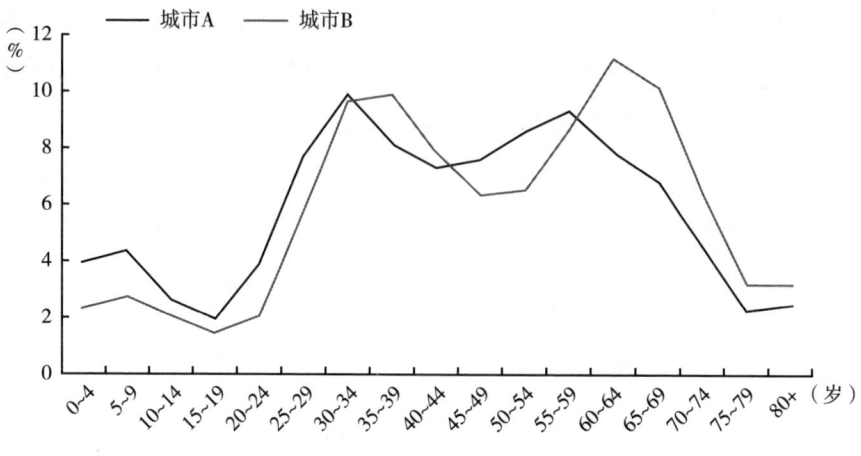

图5 两个典型城市参保人群分布示例

惠民保2021年整体的参保人员在1亿人左右，根据七普最新结果，60岁及以上的老年人群占比18.7%，但是对惠民保投保人群年龄整体预估下来，惠民保对60岁及以上老年人群的覆盖程度超过10%。

2. 不设健康告知破局带病群体保障缺失

惠民保重大疾病人群可保可赔的保障模式使得各地相关人群参保惠民保的积极性空前高涨，部分地区在推广惠民保时主要的营销点之一就是重大疾病人群可以投保和理赔。以北京普惠健康保为例，最终参保人群为301.5万人，该产品在投保时设定了五大类严重既往症，根据后台校验，最终重大疾病人群的参保人数达到了42万人，占到总人群的14%。

3. 激发投保热情凸显广大家庭保障需求

受政府的背书和医保个账的开放（注：政府开放职工的医保个账并允许为家人购买保险）、属地化的宣传、全人群均覆盖等诸多因素影响，惠民保不仅老年人和重大疾病人群的投保积极性高，还以此带动了全人群的投保热情。

图6是某城市投保人群画像中的家庭单画像，可以看到单人投保

的占比仅32%，3人及以上的家庭单人投保高达45%。可以看到，惠民保的销售，挖掘出了众多的保险需求——除了人群保障拓展，也让商保公司看到了广阔的未被充分挖掘的家庭单保险市场。

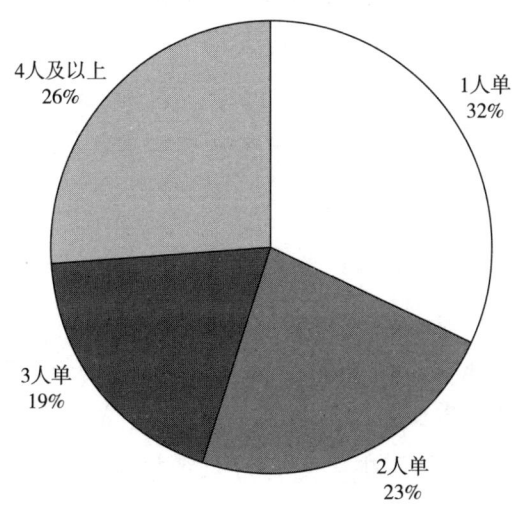

图6　某城市投保人群家庭画像

（四）保障内容打磨升级，衔接医保地方定制

惠民保自诞生以来始终秉持初心，践行惠民使命，在商业可持续的前提下逐步扩大保障范围，实现重大疾病人群保险保障的从无到有，以城市为维度创新开展承保方式并提供地方特色保障，探索续保产品在迭代升级中加量不加价的路径，未来发展充满无限的想象和可能。

1.走出医保目录框架，开拓医保之外保障

一款惠民保产品通常由若干个医疗责任组合而成，我们将责任的组合和搭配方式定义为惠民保的产品结构。通过归纳总结2020年和2021年惠民保产品的演进趋势，我们可以将惠民保的产品结构归纳为1.0版本和2.0版本：1.0版本是"医保内医疗责任+特药责任"，2.0版本是"医保外医疗责任+特药责任"或者"医保内医疗责任+医保外医疗责任+特药责任"。从1.0版本到2.0版本的演变，可以看到惠民保保障责任从仅保障医保内医疗费用向保障医保外医疗费用延伸。

1.0版本主要流行于2020年，即第一轮惠民保产品上市的爆发期。这个阶段政府参与程度较低，早期的推动主力为保险公司和第三方服务公司，因此缺乏政府深度参与和医保个人账户开放。在这种情况下，为了充分提升参保率，需要产品的价格最大限度降低以提高吸引力，保险公司在保障范围设计上并没有向医保外医疗费用扩展，因为在参保率不能得到保证的情况下保障医保外医疗费用存在承保风险。

进入2021年，2.0版本开始占据主流地位，这个阶段的特点是政府参与程度提高，除了提供强有力的官方背书，多个地区政府还支持开放医保个人账户支付保费，参保率相对有一定的保证，因此价格水平可以突破几十元的限制，也有空间将医保外责任纳入保障范围。此外，政府参与程度较高意味着政府对于产品的设计进行干预，多地政府均发布政策文件明确医保外责任应该是惠民保的保障核心，例如重庆市惠民保（见表2）。

表2 重庆惠民保的迭代过程

	1.0版本	2.0版本
项目价格	重庆渝惠保（2020版本）	重庆渝快保（2021版本）
价格	69元	69元（保障1+2）/169（保障1+2+3）
既往症参保人	7类重大既往症不可赔付	可保可赔
保障责任1（基本医保内）	医保报销范围内经医保、大病医疗保险等报销后的剩余医疗费用	住院和特病门诊医保目录范围内自付费用

续表

	1.0 版本	2.0 版本
保障责任 2（基本医保外）	无	住院和特病门诊医保目录范围外自费费用
保障责任 3（特药责任）	恶性肿瘤特定药品费用	院外特定高额自费药品费用

2. 破解带病人群难题，缓解患者就医压力

2.0 版本惠民保另外一个特点就是涵盖了重大疾病人群，对该类人群的保障实现了突破，这也是政府参与的重要考量之一。根据重大疾病人群的保障程度，可以将惠民保产品归为四类：拒保、可保但不赔付既往症、可保也赔付既往症但赔付水平低于健康体、可保也赔付既往症且赔付水平和健康体一致（见表3）。2020年，由于政府参与程度较低，多数惠民保项目以可保不可赔为主（部分更严格的项目直接约定不可保），如2020年北京京惠保。随着2021年政府参与程度的逐渐加深，政府将惠民保产品视为一种"公共产品"，解决当下重大疾病人群的保障需求成为政府关注的重点，因此可保可赔模式基本成为主流模式。

表3 重大疾病患者保障程度四大类型

序号	重大疾病人群保障程度类型
1	拒保
2	可保但不赔付既往症(可保不可赔)
3	可保也赔付既往症(可保可赔)但赔付水平低于健康体
4	可保也赔付既往症(可保可赔)且赔付水平和健康体一致

出于成本考虑以及兼顾公平性问题，同样是可保可赔模式开始分化出第三和第四种类型。部分产品让重大疾病人群的保障水平和健康体保持一致，如杭州的西湖益联保；部分产品通过免赔额或给付比例

的差异化设计使得重大疾病人群的保障水平低于健康体，如北京普惠健康保。

可保可赔的初衷是希望重大疾病人群的保障水平与健康体一致，这样无论是从客户体验还是从市场推广角度，都能有利于惠民保产品的可持续发展，但受制于各地社会经济发展水平不同，各地医疗费用差距甚大，例如上海、北京等这种人口老龄化严重、聚集全国顶尖医疗资源的城市，重大疾病人群必会产生更大的成本（相较于二线及以下城市），导致赔穿风险。因此，为权衡推广效果和经营成本，部分保险公司推出了重大疾病人群保障水平低于健康体的可保可赔模式。这一方面能够降低重大疾病人群较高的理赔风险，因为该类人群逆选择行为明显，理赔需求和医疗成本相对较高；另一方面则从兼顾公平、普惠的角度，降低健康体共济的不公平感，让更多健康体加入惠民保，减少健康体的脱退率。

3. 地方特色需求萌芽，创新责任探索落地

惠民保的另一大特色形态则是在基本保障内容外补充地方特色保障责任，该形态的出现主要是因为各地保险公司对银保监会"保险公司开展定制医疗保险业务，应因地制宜，保障方案体现地域特征，契合当地群众实际医疗保障需求"监管要求的落实。例如，珠海的大爱无疆产品在癌症特药责任的基础上，对投保年度内新确诊恶性肿瘤或复发的参保人，各提供一次PET-CT检查项目补偿，并报销其检查费用（不含显影剂）的60%。根据2021年上半年的理赔报告，PET-CT检查项目报销金额占上半年理赔总金额5716.12万元的12.52%，[1]有效缓解了患者的医疗费用负担，为癌症的确诊和早期有效治疗提供了有力支持。

---

[1] 《珠海市"大爱无疆"2021年度半年报发布 今年上半年我市累计参保79.03万人》，《珠江晚报》2021年8月10日。

罕见病责任和照护责任频繁出现在政府参与度较高的惠民保中，比如，山东省各地市医保局在产品设计时均提出要求必须将罕见病药品纳入保障责任范围。又如，江门的邑康保对由于年老、疾病、伤残等生活完全不能自理的人群提供每月400元的照护津贴。其中，邑康保是江门市推进医疗服务与养老服务深度融合发展的大胆尝试[①]，民政局也发布了支持邑康保照护服务机构的遴选公告，支持产品做好照护保障工作。

由此可见，惠民保提供的医疗保障服务和产品宣传优势能够天然地契合政府惠民工作的推广，政商合力对百姓获得保障、政策得到落实、产品获得宣传起到了良好的推动作用，这一模式的复制会助力未来惠民保的产品设计更加突出地域特点，与当地多层次医疗保障体系和民生保障工程相融合。

4. 区域定制价格拉开，单城产品多样供给

从惠民保整体来讲，价格从几十元到上百元不等。从保费分层看，随着保障范围的拓展，惠民保价格整体呈上升趋势，且政府参与度高的产品价格明显高于政府参与度低的产品（见图7）。

此外，惠民保保障分层的趋势逐渐显露，具体体现在同一个产品出现不同版本、不同版本中区分产品形态（如提高赔付比例、增加保障责任）或者区分年龄段定价。例如，重庆渝快保有普惠版和升级版两种，其中升级版相较于普惠版，新发病人报销比例由55%增加至80%，既往症病人报销比例由10%提高到30%，并且新增了肿瘤特药和罕见病特药，价格也相应地由每年69元提高至每年169元。通过调研了解到保险公司的设计初衷是优化人群结构，同时能满足不同人群的价格偏好。因为惠民保产品不限投保年龄，且允许既往症人

---

① 《江门医养结合补充保险项目"邑康保"上线：一年150元可获最高250万医疗保障》，《羊城晚报》2021年10月13日。

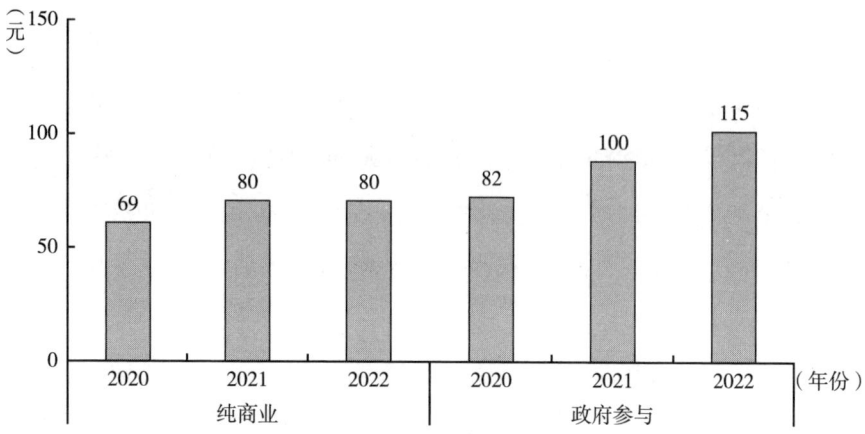

图 7　2020~2022 年惠民保产品平均价格

注：对于部分地区出现价格分段或者计划分段的价格进行了加权平均。

群投保，如果维持不同年龄、不同健康状况的人群用相同费率获得相同保障，惠民保或将丧失对健康年轻人的吸引力，使得业务过早闭合走向死亡螺旋。而且单一价格难以满足不同人群需求，产品分层的设计恰好满足了不同价格敏感度客户的保障需求。

5. 细化责任迭代调整，创新责任主力吸睛

惠民保的迭代升级普遍呈现出加量不加价的趋势，其中特药责任的调整成为扩大保障范围的主要方式。对2021年1~12月上线的48款续保产品进行分析（将续保产品与前一年产品进行对比），仅14.58%的产品提高了价格，58.33%的产品通过增加特药责任的药品数量（增加特药数量）扩大保障范围，还有10.42%的产品增加了特药责任（这些产品的前代产品没有特药责任）。其他的产品升级方式还包括降低免赔额、增加医保外自费部分、提高保额、增加多个价格版本、开放既往症、提高赔付比例、增加疾病种类（罕见病、恶性肿瘤）、增加质子重离子保险金等保障（见图8）。

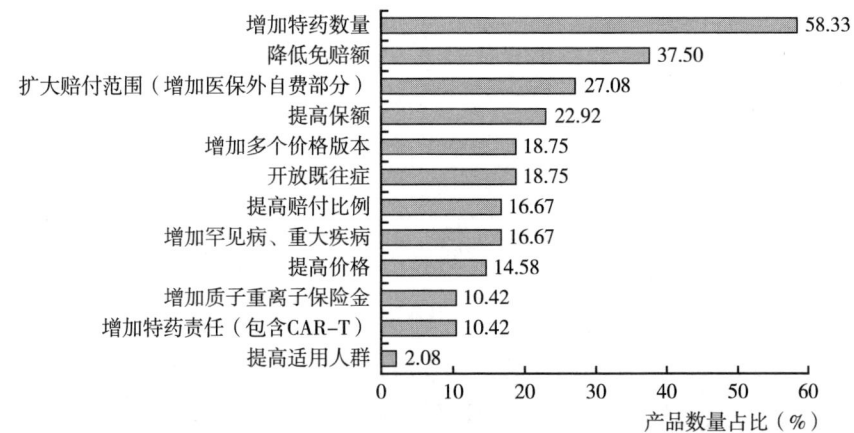

图8　2021年48款续保产品较2020年产品责任变化统计

（五）从群雄逐鹿之沙场，至多方共建之土壤

2020年是第一轮惠民保产品上市的爆发期，巨大的人口红利吸引了各家保险公司争相在当地城市甚至省（区、市）、全国上线惠民保产品，在缺乏政府监管的情况下，市场乱象丛生。例如，在部分城市出现了同一城市同一时间上线两个惠民保产品，且保障责任大同小异；惠民保未根据该城市医保政策定制产品，甚至陷入低价竞争；为吸引人群参保谎称自家产品为政府指导等。在市场规范度有所欠缺时，政府、保险公司、第三方服务公司的优势和力量难以充分联动，不仅导致在保险公司相对混乱的市场下推出的产品销量有限，同时引发社会舆论，这些结果对民众、政府、保险公司等都是不利的。

2021年，《中国银保监会办公厅关于规范保险公司城市定制型商业医疗保险业务的通知》下发，同时，一部分地区的政府开始积极参与惠民保项目，惠民保市场逐渐走向规范化，形成"政府+保险公司+第三方服务公司"共同参与的发展模式，参与各方角色分工逐渐专业化。

1. 政府机构定基调、主方向、稳秩序

以医保局为主导的政府部门主要负责产品设计定位、政策指导、成本测算数据支持和推广支持。另外，部分政府（一般由医保局牵头，联合其他部门例如银保监局、财政局、税务局等，也有少部分地区直接由市委市政府发文）通过发文进一步细化指导，例如浙江、山东两省均是从省级层面多部门联合发文，各地市政府紧跟其后纷纷发文，结合地市实际情况指导产品落地，基本结束一市多个产品同质化、无序竞争的局面。尤其是浙江省省级层面要求各地市所有政府唯一指导的产品名称前缀加入"浙里医保"，客观上也使得该省域内商业化运作的项目逐渐退出，市场更加规范，基本完成"一城一险"的华丽转变。

2. 保险机构建共保、链渠道、聚能量

保险公司批量涌入惠民保赛道，经粗略统计，共计80多家产寿险公司参与，其中寿险公司34家，头部公司主要为中国人寿保险股份有限公司、中国太平洋保险股份有限公司；养老险公司与健康险公司积极参与，平安养老与平安健康作为平安集团旗下参与的主体，泰康在线与泰康养老则为泰康集团参与的主体；财险公司参与最广泛，共计40余家，人保财险领跑全行业，整体上，财产险公司参与数量与参与深度都高于人身险公司。

由1~2家主承、多家公司共保的格局成为保险公司参与惠民保的主要趋势。例如，北京普惠健康保由5家保险公司参与，其中由人保财险、国寿2家主承，而上海沪惠保则有8家保险公司参与，由中国太平洋人寿保险股份有限公司1家负责主承。产品共保体如何组成受一定的市场化机制引导，一般有三种情况：一是当地规模较大的保险公司牵头组织共保体且成为主承公司，例如人保财险从战略上将惠民保作为探索新业务的增长点，人保财险目前是惠民保市场中业务参与最为广泛的公司；二是当地承办政府大病医保且份额较大的保险公司会牵头组织共保体且成为主承公司，它们在政商合作业务经验、大病数据方面有优势，如国寿各地分公司；三是属地保险公司牵头组织共保体，且成为主承公司，例如重庆渝快保的主承公司是安诚保险，苏州苏惠保的主承公司是东吴人寿。

再保公司也积极参与其中，目前在惠民保市场上，主要的再保承接方为中再集团（包括中再寿险与中再财险），再保方一方面为各地项目做好风险承接，另一方面也在逐步走向前端，从产品设计方案、数据测算、定价支持以及特药清单目录制定等多维度深度参与，发挥越来越不可或缺的作用。如在北京普惠健康保中，由中再寿险主导100种特药目录清单的制定以及特药服务商的遴选等工作。在部分赔付风险较高的城市，再保还可以在后端与药企协同进行创新支付合作，为该城市项目的风险进一步做好底层支撑。

3. 服务机构广参与、细分工、显优势

第三方服务公司主要分为五大类：一是保险科技类公司，例如平安医保科技，参与的主要目的为赋能保险母公司，助推保险销售实现快速高效率获客；二是流量平台公司，例如微保、支付宝等，利用流量巨头优势蓄能，扩大宣传面实现流量转化；三是大数据阵营，例如医渡云、零氪科技，将大数据优势应用在保险领域场景，实现大数据应用；四是特药服务阵营，具备与药企和保险行业合作的项目经验、人才储备，高效聚合医药产业链资源为惠民保创造持续价值，例如镁信健康、思派健康、圆心惠保；五是官方背景运营商阵营，具备与当地政府业务合作经验，例如上海保险交易所、山东互联网医保大健康、南京智慧医疗等。

第三方服务公司在惠民保业务上角色分工进一步细化，主要负责配套制定服务方案，创造持续性价值，包括协助项目落地、系统搭建、平台运营、宣传推广以及为参保人提供特药服务、健康管理服务等，主要以平台运营方、保险经纪方、特药服务商、健康服务商等的

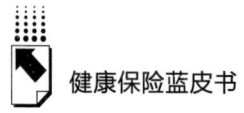

角色参与其中,例如杭州"西湖益联保"项目中上海保险交易所提供平台运营支持,中保科联提供技术支持,支付宝作为流量入口提供推广支持,镁信健康等特药服务商为产品提供特药服务和健康管理服务等。

二 洞察赔付,定位风险,锚定可持续发展难题

(一)解决百姓难题、兼顾各方利益,才是可持续之根本

随着经济发展水平和医疗技术的逐步提高,国民医疗费用进一步增加。根据国家统计局数据,2020年全国卫生总支出共7.2万亿元。虽然医保基金和政府卫生支出解决了超60%左右的医疗费用,但患者仍然面临着较大的医疗费用负担。2021年传统商业健康险理赔支出4028.5亿元,占全国卫生总支出的5%左右,但不管是价格还是严格的健康告知都使得其覆盖人群较小,并未真正发挥补充保障作用。2020年惠民保的爆发,其在产品设计端被市场普遍认同具有作为补充基本医疗保险的属性,且具备良好的普惠性。经过一年的运营,惠民保理赔呈现出怎样的特征,这些特征是否能印证其惠民性,成为公众的期待,下文将从整理的已公开理赔数据逐一对以上问题做出分析。

惠民保和其他商业健康险的一个显著差异是产品覆盖范围的拓宽,将高龄人群和既往症人群纳入保障范围。某一线城市医疗理赔数据显示,65岁及以上高龄老人每年人均支出的医疗费用(扣除医保报销)为30~50岁年龄人口的7.8倍。而目前一般商业医疗保险条件较为严格,首次投保年龄普遍限制在65岁以下且设定了严格的核保标准,导致真正对于医疗保险有需求的高龄人群反而无法从一般商业医疗保险中获得补偿,惠民保从普惠的角度很好地解决了错配问

题，全年龄可保，价格亲民，真正做到了普惠。

如图9所示，选取的8个惠民保产品年龄结构明显高于常住人群年龄结构（老年人群占比明显高于常住人口），较好地实现了对老年人群的保障。惠民保F产品参保率高达76%，高参保率城市的人群结构特点一般与常住人口年龄结构吻合性更高，故曲线较为贴近。

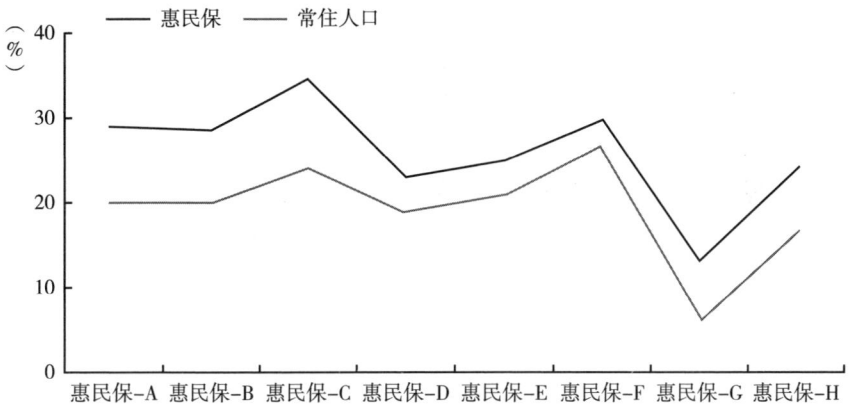

图9 8个惠民保产品60岁以上人数占比

通过实际的理赔数据我们可以更充分地体会到惠民保的惠民意义。沪惠保公布的赔付报告也显示出，截至2021年12月31日已发生的案件量中，65岁及以上人群占比约为48.29%，显示了沪惠保对于老年人的医疗费用提供了较大的保障（见图10）。

对于罹患过重大疾病人群的保障，惠民保也体现了普惠的特点。根据某城市惠民保特药理赔数据，截至2021年9月30日，累计报案人数为943人，审核通过713人，通过率为76%。其中，既往症人群理赔占比约为86%，新发占比约为14%。已决赔款2300万元，其中，赔付给既往罹患重大疾病人群的金额达2000万元，可见，惠民保对于罹患过重大疾病的人群较为友好。

从各地惠民保的实际理赔个案中可以看到，惠民保的理赔呈现

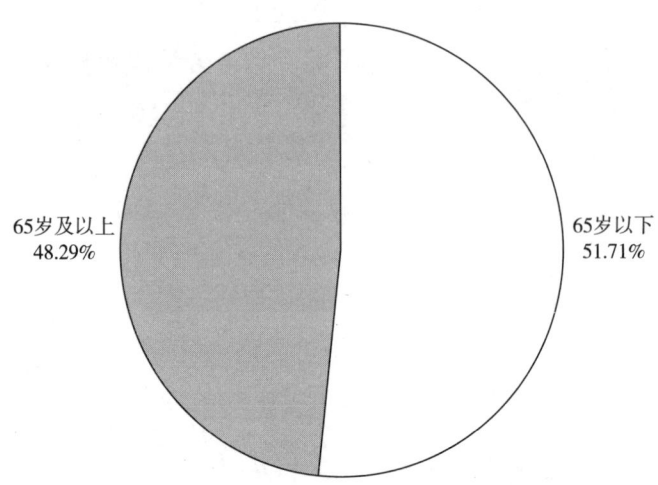

图 10　截至 2021 年底沪惠保理赔案件量年龄分布

资料来源：沪惠保公众号。

"高损高赔付"的特征，理赔案例通常指向大病重病，给患者及其家庭带来极大的经济损失，而惠民保的理赔款可以极大地解决患者家庭的支付压力，为每个投保家庭提供了大病巨灾风险的保障。例如，在西湖益联保的赔案中，双胞胎兄弟不幸同时患上罕见病，多次规定病种门诊及住院费用早就超过医保上限的巨额医疗费用让本不宽裕的家庭几乎陷入灭顶之灾。其中，哥哥和弟弟的医疗费用合计超 400 万元，医保报销 160 多万元，但仍需自付 240 多万元。但由于兄弟俩都购买了西湖益联保，可报销近 190 万元，为这个家庭带来了生活的希望。另外，惠民保也让更多的患者有机会接触到更前沿的创新疗法，例如在沪惠保客户中，29 岁的史某罹患脑恶性肿瘤，申请使用特定高额药械爱普盾。爱普盾是一种用于肿瘤电场治疗的新型抗癌疗法，用于治疗胶质脑细胞瘤，属于昂贵药械。客户一个月需花费 13 万元，但由于沪惠保的保障，每月可获赔 9 万多元，让昂贵的药械不再遥不可及。

综上分析，惠民保以"惠民"为核心，打破商保边界，确实覆盖了老年人、罹患过重大疾病人群的医疗保障缺口，但不能忽视该模式给商保风险管理和定价逻辑带来的挑战。我们要思考在保障惠民利益的同时，也要兼顾运营的可持续性，可持续发展才是惠民保持续惠民的"基石"。

（二）定位风险，上线前防患于未然，运营中未雨绸缪

在惠民保为保险公司带来规模保费的同时，也需要各方同步关注该业务存在的风险点。只有健康的良性循环，惠民保的生命力才能长久。惠民保业务整体风险因素主要分析如下。

1. 均一保费之难题——年龄结构偏差风险

大多数惠民保项目中，对不同年龄阶段采用均一费率，部分城市项目进行了两到三段的设置，但是整体上差异并不大。从宣传推广的角度，简单均一的交费水平，消费者更易理解接受，但从风险管理角度来说，也带来了不确定性。不同年龄人群疾病发生率及人均医疗费用均存在较大的差异，理论上高龄段人群疾病发生率及人均医疗费用更高，均一费率的实质是将高风险人群的成本分摊到低风险人群上，故将整体参保年龄结构做出预估尤为重要。而这种预估更适用于强制化、参保年龄结构较为稳定的基本医保，对于自愿参加、商业化运作的惠民保，在年轻的健康群体投保意愿不强、高龄段人群投保意愿显著增加的前提下，整体参保年龄结构会出现偏差，可能导致总保费不足以覆盖赔款而引发亏损。

2. 患者保障之难题——带病体认定偏差风险

惠民保2.0阶段，普遍将罹患过重大疾病人群纳入保障范围。与纳入高年龄段人群相比，既往症人群的住院更频繁，人均医疗成本也更高，故将既往症人群纳入保障范围，存在较大的选择偏好风险，既往症人群的参保意愿明显更强烈。

与纳入高年龄人群类似的是，既往症人群占比较难确定，实际承保与假设偏差较大，由此产生的经营风险更大。

除此之外，既往症定义不准确，既往症识别率偏低，也会导致成本测算的偏差。目前对于既往症的识别，一类是借鉴商保重大疾病险经验，对具体病种进行详细释义，但往往难以根据医保系统数据进行判断，需要后期理赔时进行识别；另一类是根据医保系统内的门特身份、大病理赔记录作为判定标准，并在投保时进行身份标识。随着各地政府推动"一站式理赔"，惠民保能够与基本医保在医院内一站式理算，为参保人带来了极大的便利，但若无法合理识别方案中约定既往症，可能会带来更大的风险敞口。以某城市惠民保为例，该惠民保将既往症定义为投保日期前2年登记或享受城镇职工门诊大病或城乡居民医保大病待遇的人群，在门特接受过透析、肾移植、放化疗、精神病治疗及血友病治疗等。考虑到很多罹患重大疾病患者并没有接受门特治疗而直接进行住院治疗，故在实操中未被认定为既往症，仍然按照健康人群进行承保，享受健康人群的理赔标准。事实上，该部分人群无论是再次住院的发生率还是住院后的人均医疗成本都大大高于健康人群，这个偏差导致产生定价不足风险。该惠民保作为一款重大疾病人群差异化赔付比例的产品，理赔半年赔付达到44%，远高于一般的既往症可保可赔比例保持一致的产品。

3. 赔付预估之难题——长尾和长期理赔风险

惠民保具有长尾风险的特点，因为惠民保的高免赔产品特点导致大多数的索赔为恶性肿瘤等重大疾病的索赔。重大疾病从确诊到制定合适的诊疗方案以及相应的后期治疗往往需要较长的时间，报案、立案到最终结案时间最长可达数年。由于大部分惠民保项目并没有与医保联网开通一站式结算方案，存在理赔严重滞后问题。部分患者不会及时报案，延迟理赔现象较为严重。按照苏惠保2020年版经验，医疗险责任往往在第7~10个月赔付率迅速增长，在12个月之后进展完成，而特药责任由于用药期因素，进展时间更长，2021年苏惠保联合镁信健康通过打通药房系统实现特药直付，只要患者购药就发生理赔，相比事后报销（患者往往积累多次购药发票在年末统一报销）大大降低了特药责任的延迟理赔风险。目前大部分产品的披露赔付数据并非为终极赔付率，随着时间进度的加深，赔付率可能呈现恶化趋势。

4. 保费维稳之难题——参保死亡螺旋风险[①]

惠民保对于老人及既往症患者不设参保门槛，对于以上两类人群有着天然的吸引力。可持续发展的关键是吸引健康人群参保，目前主要是靠政府推动来保证参保率。当政府推动不复存在，是否仍然能够维持较高的参保率是存疑的。如果健康人群参保率下降，而大病人群占比提高，产品就有陷入死亡螺旋之虞。

5. 积累缓冲之难题——政策推动赔付上升风险

随着政府参与惠民保程度的逐渐加深，越来越多的城市开通了医保个账投保支持，但是高赔付率成为政府参与的前提。2021年，浙江省、山东省、重庆市等地的主管部门出台了关于惠民保赔付率的要求。

随着监管政策的不断加强，惠民保普惠微利的特色凸显。保险公司由于赔付率要求，同时兼顾自身的运营成本及产品推广成本，整体利润边际堪忧。虽然对于赔付率的约定更有利于发挥惠民保的"惠民"属性，但根据有可能试行的中国版IFRS17会计准则，约定最低赔付率的保险产品所带来的保费收入不能计入保费收入，这将极大地降低保险公司参与惠民保业务的积极性，因此建议政府在赔付率约定的形式上应考虑会计准则的相关影响。

6. 精细管控之难题——缺乏目录抓手风险

比如，浙江省率先在2021年各地市惠民保的保障期间设置自费

---

① 谭乐之:《警惕惠民保"死亡螺旋"》,《中国银行保险报》2022年6月17日。

药品清单进行合理控费，项目运行过程中也为了提升待遇和参保人获得感，通过增加保险责任，将保障拓展至院内自费器械耗材及诊疗项目来增加赔付。又如，绍兴"越惠保"在2021年8月基于为民众提升保障待遇的目的新增了责任四——其他住院和门诊规定病种合理医疗费用，该责任创新性地将浙江省药械采购平台内属于集中采购范围的自费医用耗材纳入保障范围。绍兴越惠保公众号公布的《2021年绍兴市1~11月理赔情况》报告显示，新增的责任四赔付11个月合计理赔达到17276.74万元，占总赔款的78.62%（见图11）。将新增责任四与原有责任的赔付数据对比显示，新增责任四将赔付扩大了3倍，呈现赔付激增的趋势。通过此案例可以提示我们，自费的医用器械耗材是惠民保保障范围中风险暴露较高的一个部分，惠民保需建立正面的清单管理机制来预防自费药品、耗材、诊疗的赔付风险。

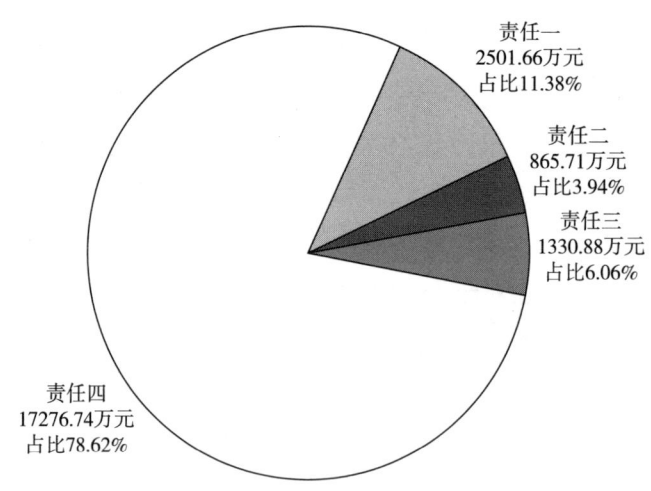

图11　2021年绍兴"越惠保"1~11月不同责任理赔情况

7. 趋势预测之难题——快速影响产业链行为风险

惠民保的覆盖，一方面减轻了患者的支付压力，另一方面也提高了高额自费药品的使用量与医生处方量，扩大了惠民保清单内药品的销售规模。深圳"惠民保"肿瘤特药的商保赔付占当地特药销售量的30%~60%。其中，保险赔付支出中芙仕得和利普卓等药品贡献了超过60%的销售量，爱博新、可瑞达、捷恪卫等销量也因商保的引入增幅超过30%（注：此段之所以将深圳重特大疾病补充医疗保险作为分析特药受惠民保影响的案例，是因为深圳此款产品运营时间长，且形态与惠民保类似，对特药使用的影响效果暴露明显）。

另外，根据公开数据，珠海"大爱无疆"的特药2020年赔付金额相较上年增长186.5%（见图12），珠海市患者使用免疫疗法的比例比周边城市高出5~6倍，平安佛山保特药赔付金额较上年同期增长180.9%（见图13）。

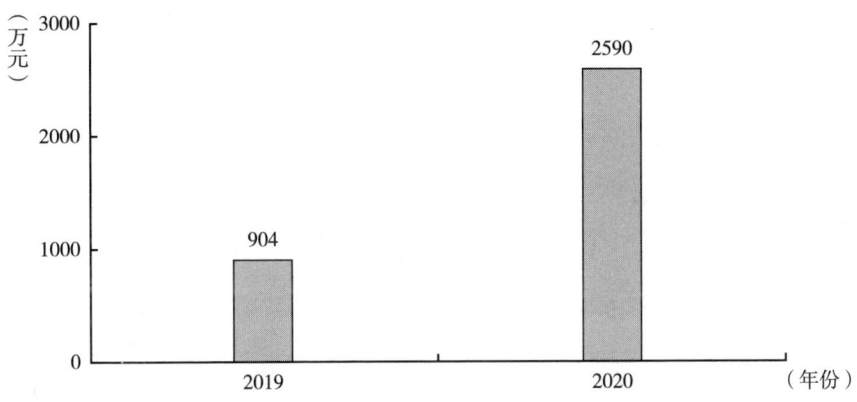

图12　2019年、2020年珠海市特药赔付金额

资料来源：珠海市"大爱无疆"微信公众号。

从患者和医生行为角度看，根据某款惠民保第一年理赔反馈，在患者群体自发号召惠民保以及了解产品的医生处方压力降低等因素影响下，该城市惠民保特药新处方增长明显，某抗癌药的使用剔除既往症处方后，理赔9个月新开处方增长率超300%。根据该药品的创新药企反馈，该药品进入某地区的惠民保特药目录后，其DTP药房月均销售量较未进入惠

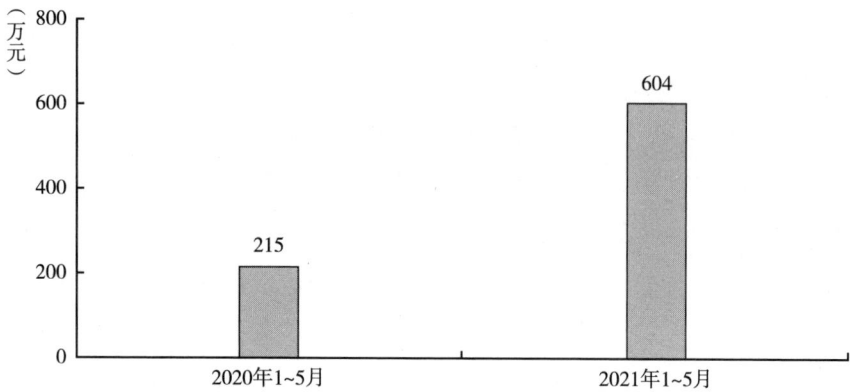

图 13　2019 年 1~5 月、2020 年 1~5 月佛山市特药赔付金额

资料来源：平安佛医公众号。

民保报销范围之前增长 53%，其中惠民保支付占比超 45%。

与医保经验相似，医保准入对于药物放量提示作用明显。惠民保也是如此，市场一年余的惠民保"教育"推动药企、医生、患者相继参与，直接或者间接促进医疗成本的增加，为药品使用的提高带来了显著的影响。当然，一方面我们希望通过惠民保的普惠，让更多患者对于"救命"的高值药品从"用不起"到"用得起"、从"不能用"到"能用"，但同时我们也需要对风险进行充分评估，在产品设计时需要考虑到由患者行为改变带来的成本上升。无论是从医保局代表的政府部门出发，还是对于保险公司来讲，惠民保赔付率太低与赔付率超高都不是双方所期望的，只有健康的良性循环才是惠民保项目长期稳定发展的根本。

小结

综上，惠民保的风险特质是"高损高赔付"，特别是对于承保人群中的带病体和老年人而言，理赔是高频次的。这种风险特性导致风险管理的手段也不同于一般的健康险产品。对于百万医疗险而言，其低频高损的特性使得保险公司的风险管理手段聚焦"选好人"上；对于惠民保而言，如前文所述，参保率、既往症和健康体的配比、既往症人群的准确认定、理赔范围和清单管理等显得格外重要。此外，参保率较高的惠民保产品甚至会影响一个城市的医疗行为，医疗行为的改变反过来影响惠民保的赔付风险。

三 把握关键，围绕筹资与支付破局可持续发展难题

针对惠民保这类产品既往症可保可赔引发的高风险，惠民保高质量可持续发展成了整个市场关注的焦点。从逻辑上看，惠民保的可持续发展需要实现筹资可持续和支付可持续，筹资可持续即持续保持足够大的参保量，支付可持续即在基金管理上能实现合理的支出、有效的控费（见图14）。筹资端，需要尽可能地提高参保率和续保率，维持高参保率。我们认为产品价格、政府参与、客户体验是影响参保的关键影响因素，支付端需要解决基金应该支付什么（划定支付范围）、支付多少（控制支付价格）、怎么支付（管控支付过程）三个问题。前文分析指出，当前赔付率较高的城市，主要赔付成本发生在医院内的保障责任，因此院内的保障责任的精细化管理成为关键的影响因素。

（一）筹资可持续，有序增量扩容

1. 产品价格：求普惠而非低价竞争，求稳健而非一成不变

根据前述分析，惠民保的价格区间在几十元至上百元不等，保障范围随着价格的提升也在逐渐扩展，从医保内扩展至医保外，从既往症可保不可赔扩展至可保可赔，特药种类、差异化责任也在不断增加。从风险的本质来看，风险成本与保障范围是对等的，保障范围越

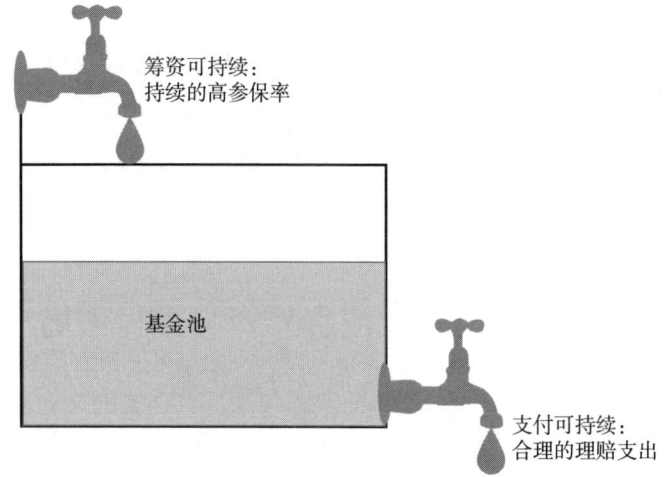

图14 惠民保可持续发展的逻辑示意

广意味着风险成本越高,而风险成本越高则意味着销售给客户的价格就越高。2020~2021年的保障范围扩展与价格提升相辅相成,但是当保障范围与价格进一步提升之后,保障范围扩大带来的边际效应明显递减,经观察,市场上价格超过200元的一些惠民保产品上市参保量及参保率普遍不高。

比如,某市惠民保产品是当地市医保局指导上市的一款专属补充医疗保险,不限年龄、健康状况投保后均可获得保障,保障范围不仅包含医保内外的住院医疗费用、院外自费药品以及10种罕见病保障,还包括首次罹患癌症定额给付1万元,报销最高可达401万元,保障范围很全面,但是同时价格也相对较高,为296元。据了解,该产品最终的参保人数为65万人,参保率为9%。作为一款政府指导,且有医保个账支持,可以给个人和家人购买的产品,在前述统计的有医保局指导且医保个账支持的产品中属于参保率偏低水平,296元的价格赶超部分百万医疗产品。尤其是对于低年龄段消费者或者健康人群来说,该产品较百万医疗险的竞争优势已经不明显,相对较高的价格一定程度上限制了消费者的购买意愿。

又如，梅州保尚保共有四种计划，其中计划四保障最全面，价格也最高，为450元，在广东地区属于参保量较低的惠民保项目，共计44万人参保。常州惠民保2022年1月上市，共有三款计划，其中计划三保障最全面，价格是365元，三款计划整体参保人数为50万人，三款计划中参保量最好的是计划二，价格为120元，保障最全面的计划三参保人数反而较低。

通过以上案例我们可以观察到，价格在100~200元、保障范围相对全面，是比较合理的保障范围与价格区间。同样，惠民保如果价格不超过200元，意味着它的保障范围不会无限制扩展，与百万医疗险的保障范围会形成明显区隔。在大多数惠民保的项目中，惠民保产品的免赔额高于百万医疗险，赔付比例低于百万医疗险，差异化责任也相对比较单一，可以称之为低配版百万医疗险。

当下惠民保产品基本框架包含医保内/外责任、院外自费特药责任、既往症差异化赔付以及部分地区设定的部分差异化责任，已经比较完善，如果进一步扩大保障范围，在参保率无法进一步扩大的情况下，成本也会进一步上升，导致价格进一步上升，这意味着产品对于健康人群的吸引力下降，不利于参保率的提升。

稳健的价格不意味着不涨价，未来对于前期保障责任尚未完善的城市惠民保项目，在完善保障框架提升待遇的同时，也必然带来成本的提升，价格可以在前述合理范围内适当提升。比如，苏州苏惠保1.0版和苏惠保2.0版定价为49元，2021年产品设计增加了保障力度——提升报销比例和新增了重度恶性肿瘤住院津贴、质子重离子医疗费用及CAR-T疗法药品费用后价格涨至79元，反而提升了参保量，可见，苏惠保在惠民保产品基本框架内升级并合理涨价发挥了积极作用。又如，上海沪惠保第一年运营过程中，在定价上较于经济水平、人口年龄结构、医疗发达程度等同类型城市价格较低，为115

元；沪惠保2.0版运营方充分考量前一年的赔付成本、居民医疗需求等因素，新增CAR-T治疗药品、15种海外特药等保障，同时增加保额以及拓宽保障人群（增加新市民），价格适当从115元升至129元（在上述合理的价格范围内），从当前参保进度（预约投保开放5小时内投保人数已达100万人）可见，对于收入水平较高、对价格较不敏感且有更高优质医疗需求的上海居民来说并未影响其参保积极性。

对于惠民保来讲，效果最明显的维持稳健价格、降低风险的手段还是来自参保率的提升，2021年惠民保保障范围扩展至既往症人群可保可赔的一个重要原因在于获得医保局等政府支持参与后，参保率有了一定保证，而较高的参保率对于维持惠民保的良性循环至关重要。同时，相对普惠和合理的价格也是吸引健康体能够持续留存的关键，否则，既往症人数越来越多，健康体越来越少，导致产品的风险就越集聚越大，最终引起死亡螺旋产生，产品也就进入了终点。

2. 政府支持：筹资支持手段多元化、定位及影响模式清晰化

政府参与是参保率的有力保障。从前述分析也可以看到，对于有政府参与的产品，政府参与程度越深，参保率越高（纯商业化运作的产品参保率很难超过10%）。究其原因，一是政府的公信力支持让老百姓更愿意为产品买单，政府通过行政手段为产品推广，转化率远高于市场手段。二是政府提供多元化的资金筹集手段，提高用户的投保意愿，并且覆盖了贫困、残疾人群，政府筹资手段主要有以下四种：医保个账资金支持、财政出资、提供免费优惠、鼓励社会出资。

开放医保个账是最普遍的也是最主要的筹资来源，大多数政府参与较深的城市医保局均会开放医保个账，以此盘活沉淀个账基金，部分地市惠民保保费甚至超过50%来自医保个账，例如江苏镇江惠民保。财政出资是指地方财政局履行管理社会救灾、救济、医疗保险（含公费医疗）等财务和资金的职责对贫困、残疾等人群（由民政局负责提供该类人群信息）负责对惠民保保费进行统一支付，例如浙江省在省级惠民保规范性政策中提到"财政部门要统筹支持对贫困对象的参保资助",浙江省各地市的政策中也均会提出要求财政部门统筹支持相关贫困人员等的参保资助。提供免税优惠是指职工个人或者企事业单位统一为员工购买惠民保,可以获得税务部门的免税优惠,这在已发文的城市或者省份中均会提及,例如湖南省在惠民保升级规范性政策文件中提到"根据《关于补充养老保险费补充医疗保险费有关企业所得税政策问题的通知》(财税〔2009〕27号),对于企事业单位任职或受雇的全体员工购买补充医疗保险的,在不超过职工工资总额5%标准内部分,在计算应纳税所得额时准予扣除","企业为员工购买惠民保产品可享受5%的税收优惠"。鼓励社会出资是指政府鼓励社会力量对贫困、残疾等人群进行慈善捐赠,例如四川省省级发文中提到"鼓励社会力量为困难残疾人购买惠民保"。

除筹资以外,政府在产品设计时提供当地医保数据支持,提高产品设计的合理性和定价精准性,使产品更符合当地老百姓需求。很多地方政府从惠民角度,在规范惠民保发展文件中也提出"约定赔付率",例如浙江省提出约定赔付率不低于90%,山东省潍坊市约定赔付率95%等,在一定程度上能够平衡普惠性和营利性,提高民众获得感和信任感,让民众更愿意为产品买单。

政府对于惠民保的渗透和规范发展起到不可或缺的作用,政府参与程度现阶段演化出三类现象。

第一类为政府支持模式,政府在产品发布的时候仅站台,其影响力是有限的,整体还是由保险公司全权进行偏商业化运营。

第二类为医保指导、政府推动的政府参与模式,体现了商业保险公司发挥主体作用,政府起到"扶上马、送一程"的辅助作用。

仍以浙江省为例,政府在惠民保的发展中更多地起到规范发展、调节市场的作用,在参保率方面通过市场先行、行政补充的方式保证一定的参保量维护基金安全,以政府公信力协助培养老百姓的商保意识，另外省政府从顶层设计规范市场，结束同一城市多个产品混战的局面，也为参保率提供侧面的保障；在基金管理方面，政府从政策层面引导商业保险公司充分发挥主体作用，提升管理服务能力。例如，2021年10月，浙江省医疗保障局、浙江省银保监局联合下发的《关于进一步推进商业补充医疗保险促进共同富裕示范区建设的通知》文件中提出"鼓励商业保险公司对高值药品、耗材开展谈判降低成本，引导产品增加健康管理等相关服务，提升老百姓获得感"。

第三类则是由政府对产品设计、销售、理赔、赔付进行全流程主导的政府强参与模式，尤其是筹资以直接通过连同大病保险缴费、代扣代缴的模式由政府"全包"，商业保险公司仅起到经办作用，这种模式类似大病保险，虽然在参保率上有不可比拟的优势，但在基金整体的风险管理上存在局限性，已经产生赔穿和亏损的结果。例如，运营多年的深圳惠民保"重特大疾病补充医疗险"理赔数据显示，2017~2020年理赔支出占总保费的比例为105.46%，亏损金额约为3324.64万元。在经济相对发达、医疗水平较高的城市，2021~2022年惠民保费率均有大幅度提高，且责任大幅度拓展。

由此可见，在不同的模式中，政府的举措对于惠民保的运营效果（尤其是参保率）有较大的影响，因此量化评估不同模式的影响效果对于清晰政府、保险公司等各方角色定位，制定可持续制度框架，更好地助力行业发展具有重要意义。未来的惠民保发展需要政府的参与指导和规范市场来保障产品的普惠性，为惠民保设计具有可持续性的制度框架，保险公司作为惠民保运营的主体，充分发挥主体作用和保险运营的专业优势探索可持续发展的解决方案，体现市场化运作的效率。

3. 客户体验：投保理赔体验是基础，潜在健康需求是助力

第一，客户的投保体验："一城多险"和"一险多选"。

"一城多险"是指一个城市上线了多款带有惠民保名义的保险产

品。如某地区在发布政府指导版本的惠民保之后,另一款无政府指导的纯商业"惠民保"也仍然在进行推广销售,纯商业版本挤占了政府指导版本的流量,导致民众无法准确区分哪一个版本是政府指导的版本。"一城多险"的问题会影响惠民保的可持续发展,比如某个城市出现了医保局指导、重大疾病患者可保可赔、产品价格偏高的产品,而另一款没有政府站台、重大疾病患者可保不可赔的产品同样上线,保障内容甚至可以一样,但是价格可以更低,这样就会吸引健康人群选取价格更便宜的产品,而重大疾病患者都留在了前一款产品里,这会直接导致死亡螺旋更快产生,对于惠民保的可持续发展无疑是不利的。

"一险多选"是指一款惠民保产品提供多个计划供消费者选择。理论上"一险多选"可以最大限度满足不同消费者的偏好,实现销量最大化,但目前中国大部分地区的大众消费者对于保险产品的理解程度并不支持这种复杂设计。在调研中了解到,部分医保局认为二线以下城市的项目其消费群体有很大部分是农村人群,因而在产品设计上必须避免出现"一险多选"。

综上,为保证惠民保健康持续发展,行业应清楚界定惠民保的定位、内涵以及相应条件,政府和监管机构要防止出现以惠民保的名义宣传产品、模糊概念、误导客户的乱象。同时,产品的设计不建议过于复杂,尤其是面对下沉的客户群体,应当尽量减少客户思考与选择的难度。

第二,客户的理赔体验:低频理赔。

惠民保作为大病医保的衔接和补充,意味着非既往症人群在购买惠民保之后均是与保险低频发生关系,只有在患大病的情况下才能产生理赔,因此对于大部分未出险的健康体甚至亚健康体来说,获得感并不强,如果客户理念教育不到位,则不利于此类人群的留存。即使对于已出险的患者来说,仅仅提供理赔报销也会错失通过延续服务增加触点的契机。

我们建议可以细分客户群体,针对参保人的健康状况进行精细化经营,提升惠民保对更广泛人群的友好度。惠民保的客户群体按照健康状态可以分为既往症人群、健康体、亚健康体。吸引健康体参保对于控制基金池风险具有重大作用,目前主流产品方案主要设置1.5万~2万左右的分项责任免赔额,能够保障参保人由重大疾病而产生的灾难性支出,与此同时大量参保人群难以达到免赔额获得理赔,因此在产品设计时,可针对大众群体设计一些高频且真正有价值的健康管理服务,如三高共管、家庭医生等,使惠民保保障能够普及更大的参保人群体(但需要注意责任、保费、风险等多方面的平衡)。在未来的续保过程中,保持健康人群不脱落或者吸引更多的健康体参保尤为重要,针对这类人群,产品设计中可通过续保优待、升级保障方案等政策激励他们参保,例如续保参保人可享受起付线降低、报销比例提升的优待等,在增值服务方面,可提供健康体健康咨询、健康科普、健康体检等服务,提升健康体健康意识;对于未出险的但患病的亚健康体提供慢病管理、慢病检测或者慢病服务折扣等服务提升获得感。对于既往症患者,可以为患者提供药品直付、慈善援赠、药事咨询、多学科会诊(MDT)、远程二诊等患者在治疗过程中必需的健康服务,在提升患者对先进医疗技术的可及性的同时,大大提升客户体验感,形成较强的服务效应。

(二)支付可持续,逐步精细风控

2020~2021年已上线惠民保项目中,超80%的都有院外自费肿瘤特药责任,并且将肿瘤患者院外持续治疗所需的高额药品以商保正面清单的形式纳入保障范围,当前院外自费肿瘤特药责任已成为惠民保产品责任标配。

院外特药正面清单式的专业设计,将治疗当地高流行的重大疾病药品纳入清单，在能够起到合理控费的同时，通过动态化地调整风险可控地将创新药品和先进医疗技术纳入清单，与基本医保用药目录进行动态衔接，让有限的基金支付更多更好的药品。

但是院内自费责任在费控上往往是缺乏管理的，当前惠民保赔付情况显示，院内自费责任赔付风险在逐渐扩大，对一些赔付风险较大的城市进行的理赔分析结果显示，惠民保的基金并没有充分使用在重病、大病的报销上，反而是在改善生命质量的医疗项目上，这显然不太符合惠民保的定位。由此可见，惠民保自费肿瘤特药保障清单自院外拓展至院内药品保障，由肿瘤领域拓展至重特大疾病领域，由单一药品拓展至药品、器械耗材及诊疗项目，势在必行。

1. 从有到优——清单制责任的合理更新拓面

以近期社会讨论度极高的罕见病用药保障来说，"探索及实施罕见病用药可及性到费用可负担性的全链路解决方案"是基本医保改革的重点也是痛点，虽然在政策层面颁布了一系列政策，从罕见病治疗药品的加快审评审批、发布罕见病目录、建立罕见病诊疗体系以及对罕见病药品给予税收优惠等，但基本医保"保基本"的功能定位决定其不可能为所有天价罕见病患者支付。惠民保也应其普世惠民的定位，在审慎评估筹资充足性及药品保障必要性的基础上，将其纳入院外特药保障范围。

目前已有超60款惠民保产品对罕见病用药提供了院外特药责任的保障，且其中有58款产品将罕见病用药及肿瘤特药以统一的正面清单进行管理，让罕见病患者与肿瘤患者享受同等的保障水平。但是罕见病的单笔赔付极高，若在自费责任的设计上将其与其他疾病诊疗不做区分，统一看待，势必会挤压其他疾病的赔付空间，影响整个基金池的公平性，因此建议将罕见病单列一个责任进行保障。

由于罕见病的纳入会给产品带来一定的风险，在罕见病保障责任的设计上，其病种和保障数量的选择、保障额度和报销比例的设计要

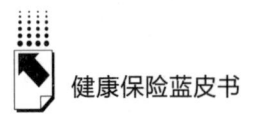

结合当地的疾病谱和当地的罕见病保障制度，同时也要考虑基金的安全和基金使用的公平性。因为以惠民保的筹资水平，对于罕见病的保障仍较为有限，要引导患者和社会正确看待惠民保对罕见病的保障作用，惠民保仅是罕见病多层次医疗保障机制中的其中一层。

2. 从无到有——数据支持下的全面清单责任

目前部分保障自费费用的惠民保产品已将保障范围拓宽至耗材保障的产品呈现不同的费控设计形式，按是否设置商保赔付清单区分，主要分为设置商保赔付清单和不设置商保赔付清单两种；按是否有特殊赔付约定区分，主要分为有特殊赔付约定和无特殊赔付约定两种。

以某市惠民保为例，其责任二医保范围外住院药品及耗材费用保险金通过设置商保赔付清单，对住院期间发生的20种自费耗材提供保障。在已经列示商保赔付清单的前提下，该产品还对20种自费耗材进行特殊赔付约定，设置单个材料纳入保障范围的最高限额〔比如，该产品针对每根支架（腔静脉），纳入保障范围的最高限额为24800元〕。这是当前对于院内耗材控制费用的方式，但是患者的需求是否被切实保障仍然有待验证，因此在院内清单制定的方法论上仍有待整个行业共同探索。

2021年10月，浙江省医保局及当地银保监局联合发文，成立浙江省商业补充医疗保险委员会，指导商业保险公司建立商业补充医疗保险赔付指导清单，实行动态调整。在此政策影响下，浙江省各地市惠民保产品陆续设置商保赔付清单，对耗材、诊疗项目进行清单管理。

院内自费药品的清单和耗材、诊疗项目清单的设计会更加复杂。就院内自费药品来说，院内自费药品的使用不仅与区域流行疾病相关，还与区域集采政策、DRG/DIP医保支付监管政策、医生处方行为、区域医疗水平和患者支付能力甚至药企的区域销售策略均有着错综复杂的关系，因此院内自费药品清单的设计需要医保、医药、医疗三方大数据作为重要支持形成符合患者医疗需求的药品清单。

从耗材器械来说，我国医用耗材管理、价格体系的混乱一直都是待解的难题，主要体现在以下四个方面：一是医用耗材研发周期短、更新换代快，各级医用耗材注册批件的规格、型号、数量异常庞大；二是监管体系有待整合，监管规则有待统一；三是缺乏全国统一的医用耗材通用名命名规则；四是缺乏全国统一的医用耗材系统归类与编码标准体系。

综上，对商保来说，耗材的管理相较于自费药品其控费难度更大。国家基本医保对于耗材的支付标准和范围的规定，往往伴随着《基本医保诊疗项目》进行报销（各省报销政策差异大，例如北京对单价超过500元的耗材采取个人先行负担一部分后，再纳入报销范围按比例报销的办法，对人工器官采取最高支付限额纳入报销范围方法）。

但从国家医保局管理医用耗材对医保基金消耗的经验来看，制定医用耗材清单是基金管理的大趋势，目前国家就制定国家版的医用耗材目录发布两次征求意见稿［《基本医疗保险医用耗材支付管理暂行办法（征求意见稿）》，2020年6月8日和2021年11月19日］，主张"将临床价值高、经济性评价优良的医用耗材纳入医保支付范围"，"提升医保医用耗材管理科学化、规范化水平"，提示我们设计商保的耗材器械清单仍然是平衡费用控制和保障患者需求的最佳实践。但是耗材清单的设计如药品清单设计一样，具备显著的区域性以及需要足够的数据能力支撑精算，未来需要保险行业协同政府建立医疗数据共享机制，助力商保清单落地。

小结

本节主要对影响惠民保可持续发展当前较为容易控制的要素进行了主要阐述，在筹资可持续层面，通过产品合理定价、政府有效参

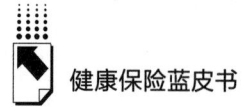

与、提升客户体验三个维度提出解决方案；在支付可持续层面，主要从产品设计角度出发，对在医院内发生的自费医疗成本进行更加精细化的设计，以目录的形式让基金的支出调控在事关患者生存的重大疾病的药品、器械耗材、治疗技术等医疗费用上，而不是改善患者生活质量的医疗费用上。

四 供给侧持续改革，多方创新融合共筑行业基建

（一）厘清惠民保定位，破解健康险发展迷思

《中共中央 国务院关于深化医疗保障制度改革的意见》明确指出："到2030年，全面建成以基本医疗保险为主体，医疗救助为托底，补充医疗保险、商业健康保险、慈善捐赠、医疗互助共同发展的医疗保障制度体系。"国家银保监会发布的《关于规范保险公司城市定制型商业医疗保险业务的通知》则明确指出："城市定制型商业医疗保险应符合商业健康保险经营规律。"由此可见，多层次医疗保障体系的各部分互为补充、相互支撑，在以基本医保为主的前提下，惠民保作为具有"普惠"性质的商业医疗险，对基本医疗保险是一种重要的补充，对传统商业健康险则形成重要竞合关系。

1.定位补充基本医保，丰富居民医疗保障

惠民保的补充作用毋庸置疑，其在基本医保和大病医保的基础上对医疗费用进行二次报销，能够有效分担民众就医的经济压力。从融资方式看，基本医保主要通过城镇职工和用人单位按照工资的固定比例依法强制缴费（城镇职工基本医疗保险筹资来源）、财政补贴和个人强制缴费（城乡居民基本医疗保险筹资来源）进行融资，而惠民保则是由希望获得更好医疗保障的民众自愿缴费进行融资；从参保人群看，惠民保既往症可保可赔的产品形态为被传统商业医疗险拒绝的

老年人、亚健康体、重大疾病患者提供了基本医保外的额外保障。

从支付范围看,惠民保作为基本医保的补充,保障基本医保目录内的个人自付费用(基本医保报销剩余部分),并逐渐向基本医保目录外进行拓展,将未纳入基本医保目录的高值创新药品耗材和临床先进技术纳入保障范围;从精算成本看,惠民保的普惠性质使其价格实惠、人群覆盖面广,因此产品呈现出高免赔额、赔付比例适中的形态,整体来说精算成本较低。总体来说,惠民保是居民自愿购买的多层次医疗保障体系的一环,作为基本医疗保险的重要补充,为居民提供了更丰富的医疗保障。

2. 更具普惠性,促进百万医疗高端化、全面化升级

惠民保的出现给商业医疗险带来了一定的冲击。在继承百万医疗险优点的同时,惠民保能够推陈出新,以其"低价格且为重大疾病患者提供保障"的核心竞争力挑战百万医疗险的主体市场地位。

首先,惠民保继承了百万医疗险的演进风格,在维持主体责任基本不变的前提下,通过不断进行小幅扩展增加产品的先进性,例如新增先进药械疗法的方式。

其次,惠民保与百万医疗保险的原有定位重叠,尤其是在保有"高免赔、高保额"的前提下定价较低,进一步促进了消费者的购买决策。

最后,惠民保对价格的压低,也将原有百万医疗险的部分利润空间转移给所有参保的健康体和重大疾病人群。可以说,惠民保在普惠性和可及性上要优于百万医疗险。

面对惠民保的强势冲击,百万医疗险未来应该何去何从?我们借鉴了海外市场商业医疗险的发展模式,认为百万医疗险未来可以走高端化、定额化和全面化的路线。例如,类比英国"私立商保"模式,在商保中加入私立医院为患者提供良好的就医体验,百万医疗险可以纳入特需部、私立医疗机构、门诊部等非"普惠"概念的医疗资源,

对惠民保形成"向上拓展"的优势。类比日本"津贴医疗"模式（在商保中设置津贴责任解决国家医保不足问题），百万医疗险可以向津贴定额给付的模式演变，对惠民保形成"向下补充"的优势。类比美国"优势计划"模式（在商保中提供大而全的保障计划），百万医疗险可以在保障责任、服务品质上更为全面，聚合市场上先进的医疗资源和医疗服务，为客户提供全面的先进的医疗保障，从百万医疗险进化到"全面医疗险"或者"先进医疗险"，比惠民保的演化更快一步，对惠民保形成"横向占位"的优势。

3. 更具性价比，促进重疾险功能化、模块化转型

在医疗险和其他健康险功能有重叠的背景下，惠民保对医疗险的竞争同样传导至其他健康险。面对惠民保产品"保重点、高性价"的优势，其他健康险产品的发展应该找准优势错位竞争，这既是维持自身产品线地位的需要，更是挖掘自身价值、更好满足客户需求的必然之举。从这个角度来讲，惠民保的出现带来了"鲶鱼效应"，引发了健康险市场的内卷和变革。

以健康险产品中的头牌险种重大疾病保险为例，这是一种功能杂糅、提供大而全保障的保险产品，能够很好地维持健康险市场保险公司、渠道和客户之间的需求平衡，长期以来深受市场欢迎。面对惠民保的冲击，我们认为重疾险未来应该向功能化和模块化的方向发展。功能化是指做保障属性更专一的产品，让代理人更容易介绍保额的目的，让客户更清晰地认识保障缺口。模块化和功能化则是一枚硬币的两面，在单一产品保障更聚集、客户认知更清晰的情况下，客户可以根据自身需求更灵活地组合功能化产品，极大降低了客户的决策难度，改善了投保体验。

4. 抓住融合机遇，提速健康险基建建设

惠民保以既往症可保可赔、特药目录等特殊的产品形态吸引政府（医保局）、医药产业纷纷入局，不断打破商业健康险发展"孤岛"

局面。例如，政府为产品提供公信力背书，提供医保数据协助产品成本测算支持，将医保系统与商保系统对接在公立医院内实现一站式结算，药企方纷纷看到特药目录和惠民保流量给药品销售带来的促进作用，这给予商业健康险一个重要的发展契机，即以惠民保为起点建立商业保险公司医疗险的精细化、专业化运营能力，我们认为主要体现在以下三个方面。

一是产业侧——通过建立商保目录提升与医药健康产业谈判的话语权。

二是政府侧——在政府扶持下提升老百姓的商保意识，使商业保险充分下沉，建立安全的医疗数据共享机制以提升精算定价能力和产品创新能力，与医保、医院系统对接建立一站式结算机制，并逐渐搭建与公立医疗体系深度合作的基础。

三是用户侧——不断完善多样化的增值服务，打造惠民保时代下可持续有竞争力的健康服务生态。

通过惠民保基建的逐渐完善并迁移至商业健康险，使商业保险未来逐渐真正有能力成为多层次医疗保障体系的重要一环，并成为医保以外一个重要的支付方。

综上，惠民保的定位体现在对基本医保的补充，以及引发健康险产品结构深刻转型的作用。未来惠民保如何发展，将对多层次医疗保障体系、健康险产品结构和未来发展带来极大影响，值得业内人士深入思考。

（二）坚守风险底线，产品设计全面综合考量

目前惠民保的低价是其普惠性质的极致体现，但价格只是各种因素综合叠加的结果，我们更应该思考低价背后的逻辑，以及这种逻辑的可持续性和可管理性：未来惠民保的发展是不是健康可持续的？惠民保应该如何演进升级？

医保局认为惠民保应该维持惠民保普惠性以吸引更多参保人（尤其是健康体）留在"池子里"，例如从保障责任设计上能够尽可能地将基本医保范围内自费部分和基本医保外自费部分均纳入保障范围，保障较高赔付率提升老百姓获得感等，保险公司则更多考虑维持惠民保在运营上的可持续性，例如在有限的基金池里面合理设计产品保障范围，在投保理赔端提升门槛控制基金理赔支出。我们认为从产品设计的角度应该给予关注和加强。

1. 坚持底线思维，重点规避四大风险

只有认识风险、敬畏风险，才能经营好风险。惠民保的本质仍然是一个商业产品，其主要风险点是纳入了既往症人群，这一方面会引发健康人群补贴既往症人群造成的承保结构风险，另一方面提高了整体人群的费用水平。面对补贴问题，惠民保应更多结合政府力量，通过政府背书宣传、开通个账支付支持、差异化责任设计等方式吸引健康体留在业务池中；而对费用水平，惠民保则在产品设计中通过高免赔额和不同赔付比例的方式约定保险报销金额。那么，如何在产品设计中进一步体现这些风险管理手段？

第一，既往症人群问题。

对于既往症人群差异化的责任设计，核心问题是精准识别既往症患者，而且要研究既往症参保人的医疗费用水平，使精算定价的数据水平与实际既往症参保人的医疗情况保持一致。对既往症参保人的识别不当会导致定价水平有偏，使得整体业务面临亏损风险。目前市场上产品对既往症的风险管理采用"抓主要矛盾"的策略，挑选发生率高的疾病如恶性肿瘤、心脑血管疾病等几大类相对严重的疾病作为既往症，一方面能够加强竞价的精细程度，另一方面能够对既往症人群进行有效管理，合理控制成本。

另外，对于既往症的有效识别也至关重要，前述已经提过既往症识别不全会直接带来赔付成本的上升，因此针对参保人身份的既往症识别,不仅要全面考虑既往症的种类,更要全面考虑既往症的识别方式,为提升理赔效率个别地方通过连接医保系统对既往症打标签存在既往症身份识别漏洞。

比如,某城市惠民保产品责任中包含了黏多糖Ⅱ型和IVA型、法布雷、淀粉样变性等多个罕见病药物,对于非既往症和既往症患者设置了不同的赔付比例(70%/30%)。但该城市被保险人身份判断系统和其他地区存在差异,大部分地区都是在理赔时判定是否为既往症,而该城市惠民保项目使用的智能系统将确认身份环节前置,系统的既往症判定是根据当地大病医保是否有过理赔,然而大病医保并不保障罕见病,因此罕见病患者均被判定为非既往症,造成了赔付成本的上升。

第二,免赔额额度设计问题。

对于惠民保高免赔额的额度,各地也需要根据当地大病医保的具体政策合理设置。比如,大部分地区考虑到价格和责任的平衡,将免赔额设计为等于大病医保起付线,打造"大病之上0免赔"的概念,或高于大病医保起付线5000元(针对部分地区大病起付线较低的情景),这种设计能够天然地区分大病医保和惠民保的赔付顺序,在方便理赔操作的同时兼顾了保险成本。

如果盲目地将医保内责任的免赔额设置到大病医保的起付线以下,会导致理赔顺序无法区分先大病医保报销还是惠民保报销,从而影响惠民保的理赔成本。市场上也曾出现过医保内责任的免赔额比大病医保免赔额低5000元的形态,这种情况需要在理赔中明确两种保障的顺序,避免对惠民保造成额外的压力。

第三,医保外范围保障责任设计问题。

惠民保目前升级的趋势之一就是拓展医保外费用,这既是客户最主要的需求,也是政府参与的主要动力之一。目前市场上出现了仅保障医保外费用的产品,如上海沪惠保和宁波甬宁保。这两地的共同特

点就是医保保障水平（二级医院80%）高于全国平均水平（二级医院73%），因此解决自费部分费用成为主要矛盾。

上海沪惠保在初期就计划将价格控制在百元左右，在确定要保医保外自费部分的情况下，如果再加入医保内部分价格就会超标，因此最终形成了这一形态。

受医保外医疗服务项目范围广泛且存在大量的高费用耗材和药品的影响，如何确定医保外的保障边界是惠民保需要思考的重要问题。如果盲目保障医保外的医疗服务项目，不仅会加剧惠民保的理赔风险，也可能会出现意料之外的过度就医现象。比如在宁波甬惠保产品运营过程中，保险公司就提出此类担忧——过多的报销医保范围内部分，会造成被保险人就医行为改变，从而对当地大病医保造成影响；通过惠民保部分城市的理赔情况也已经发现目录管理对于风险管理的重要性，比如前文提到的绍兴越惠保。

目前来看，对医保外保障的医疗服务项目制定合理的商保目录并积极管理是风控的有效手段之一。制定目录的方式既可以参考当地的集采耗材清单，如杭州西湖益联保，也可以参考当地大病医保保障的自费药，如苏惠保。综上所述，惠民保作为多层次医疗保障的一部分，既要体现对医保的补充作用，在产品设计时也要坚守风险底线，明确好保障范围。

第四，生效日的考量。

在政府参与的惠民保项目中，惠民保的生效时间通常是1月1日，这种做法主要原因是和大病医保的结算周期取齐，无论是对于医保局还是保险公司（通常主承公司同时参与惠民保和大病医保业务）都便于结算，因此普遍出现承保日和生效日不一致的现象。目前市场上对于生效日的确定有两种情况，一种是生效日回溯，一种是生效日缺口。

对于生效日回溯，举例来说，如果产品上市推广时间在4月1

日,指定生效日追溯到当年的1月1日,那么既往症的判定可以选择两个时间中的任一点,那么选4月1日的话对于控制成本有利,但通常政府为了保障民众的利益会选择1月1日,即对于两个时间段中间部分确诊疾病的客户,保险公司需要考虑额外的支付成本。

2. 加强专业思考,多方考量巧衔接

产品设计的合理既是专业性的体现,更是对客户负责的态度。在惠民保多方参与的背景下,主导方应积极吸收有利于方案设计的经验知识,从而保证产品开发的合理性和专业性。

第一,保障责任设计与当地医保政策对齐。

以医疗责任为例,惠民保作为大病医保的二次报销,其保障范围应该至少包含大病医保的所有保障范围,这样才不会造成客户对报销方式选择的困扰,影响客户保障的合理使用。例如,大病医保的报销范围是医保范围内的分类自负(个人先行自理部分/乙类先行自理)和比例自负(医保按比例报销剩余自负部分)部分,而且一般在年底才结算。如果惠民保的保障责任仅保障分类自负,在惠民保产品保险期间内可以随时报销的前提下,会造成客户先报销分类自负的情况,对保险公司造成费用分割的困难,对客户也可能造成在大病医保上无法报销比例自负的情形。因此,在产品设计时,应该至少将惠民保与大病医保的报销范围取齐,并在条款中明确赔付顺序,保障消费者的合理权益。

补缺当地医保政策的空白点。例如,浙江和天津的医保对于罕见病用药保障、医疗救助、慈善帮扶等有专项报销,因此惠民保未专门设置罕见病责任,而江苏由于罕见病保障在多层次保障体系中的缺失,在政府就惠民保产品的发文中就专门强调了要增加罕见病保障。

第二,特药责任设计需全面综合考量。

在特药责任设计上,涉及当地疾病流行病学特点、药品在当地临床使用特点以及药品的医保政策等多种强专业性的因素。政府对具体药品了解有限，因此干预程度较低，通常只会提框架性要求，如覆盖癌种要全、以自费药为主等，当前大多数保险公司普遍对于此模块的专业性比较缺乏，主要委托第三方服务商在框架要求的基础上细化方案，制定药品清单，提供完整的解决方案。例如对于主流癌种，要力争药品能够覆盖全靶点，要能够结合当地高发疾病有偏好性地设定针对高发适应症的药品等。

有些产品就在特药适应症的问题上存在产品设计不合理的现象。由于对医保政策的理解不够深入，没有考虑某些药品存在多种适应症但只有部分适应症进入医保目录的情况，从而在制定自费特药清单时没有加入这类药品，进而导致这类药品无法报销。因此，在产品设计的过程中，要根据医保政策变化等实际情况及时分析、准确评估，形成解决方案，保证产品的合理性。

第三，以合理的产品设计推动产业联动。

加强健康险与健康产业的联动一直是保险公司积极探索的方向。当前惠民保市场一般是通过权益的形式——提供健康管理、基因筛查、特药服务等增值服务来提升客户的黏性，这往往需要客户具备较强的健康意识，知晓自己需要哪些健康服务，且往往需要更加主动地去使用健康服务，通过调研了解到惠民保的增值服务中健康管理类服务的使用率并不是很高，特药服务或者医疗类服务因为与参保人的就医场景或者用药场景强联结使用率会更高。这启示产品设计可以是一个直接的途径，将医疗资源或者健康管理资源使用场景通过产品设计巧妙衔接，将产业融合通过具象化的产品设计，"助推"参保人主动做出使用增值服务的选择。

比如，2021年珠海大爱无疆产品联合健康管理机构升级推出健康管理服务"爱健康"行动，聚焦珠海高发的5种恶性肿瘤为参保人提供癌症早期筛查服务。具体形式通过健康调查问卷的形式，经过系统初步判定、专家专业评估的方式，并将提示高风险的人群引流至合作医院进行专项检查,并提示检查费用可通过大爱无疆报销90%。又如,2021年北京的普惠健康保与护理机构合作,免费提供出院后的5次复查陪诊或25种上门护理增值服务。这两个例子分别从事前筛查和事后护理的角度延伸了保险的服务范围,既能切实解决客户对预防和预后的需求,又能在保险服务流程顺畅的情况下强化保险使用场景。

综上,如何在惠民保未来发展充满想象的同时增加一点确定性,需要惠民保项目主导方多一些底线思维和专业性思考,不断积累经验,分析产品问题,优化产品设计,同时积极拥抱产业融合,从产品设计角度强化保险与医药产业的衔接,为惠民保的持续健康发展提供不竭动力。

(三)借力惠民保契机,探索商保目录落地机制

正如前文所说基本医保外医疗项目范围广泛且存在大量的高费用耗材和药品,惠民保的惠民价格决定不可能为所有的自费药品和耗材买单,控费成为突出的需求。国家基本医保的管理经验表明,制定目录是控制基金支出、维护基金安全、促进临床医药技术合理使用的有效手段。商业医疗保险通过合理制定商保目录能够提升基金的支付效率,实现有限的基金支付更多更好的卫生需求。以国家基本医保药品目录的机制为借鉴,借助惠民保的契机,探索商保目录落地的理论、应用和运行机制。

1. 明确目录定位、价值,打通产融通道

基于补充基本医保保基本的定位,目录应该纳入医保目录外的药品,同时为满足患者多层次的医疗需求和提高基金的支付效率,目录应该纳入具备创新性、疗效优、临床价值高的高值药品、耗材器械以及先进临床诊疗技术,因此目录定位应是为参保人提供高品质的医疗保障方案。惠民保目录的制定将成为推动医药险产业融合发展的抓

手，打通产业合作的通道，实现以科学、规范的机制满足产业各方创新发展诉求。

2. 规范遴选原则、过程，保障患者利益

惠民保的功能定位紧密衔接基本医疗保险，保障高额医疗费用，满足多层次医疗保障需求，因此目录的制定应该聚焦医保目录外，遴选未进入《国家基本医保用药目录》的创新药品、耗材器械、诊疗技术。同时应坚持患者需求导向，综合全面考量其临床应用价值、药物经济学价值以及基金安全性影响，最终选择疗效优、临床价值高、患者急需、替代性不高和经济性较好的药品、耗材器械等进入目录。

目录制定过程应确保权威性、公平性和专业性，例如应组织专业的评审专家——权威、专业的肿瘤或罕见病临床医学专家，药物经济学专家、医保管理专家以及健康险精算专家针对相应的模块提供专业的评审意见。为确保保险基金使用价值最大化，需建立目录动态调整机制，根据国家基本医保目录变化、投保情况、赔付情况和新药及适应症审批情况等进行目录调整。例如已经进入国谈和国家医保目录的药品、器械或适应症，卫生经济学价值较差的药品等应剔除，调入新获批的创新药品或先进疗法。

3. 强化处方审核、监控，避免基金浪费

严谨的处方合理性审核流程是对基金支付过程进行管控，对于基金的控费至关重要。我国是公立医院占主导的医疗卫生体系，保险公司处于弱势地位，无法判断医疗费用支出的合理性，尤其是在患者诊疗阶段，商业保险公司无法对诊疗行为和费用进行监控，只能被动地为参保人的医疗费用支出"买单"，难以控制无效费用的支出。其中超适应症处方、超剂量处方、重复处方以及耐药处方均是导致基金无效支出的风险点，需要专业严谨的医学团队进行用药合理性审核。在美国一般由药品福利管理公司对提供药品的必要性进行审核，这需要审核人员具备较强的医学、药学专业知识。通过调研发现，我国市场

上也出现多家第三方服务公司在惠民保理赔审核阶段提供用药合理性审核服务，例如镁信健康通过建立完善的专职医生、肿瘤专家、药师三层审核机制，通过药品说明书分析及相应知识库规则，确保用药合理性，杜绝超适应症用药和疾病进展产生耐药情况发生，达到基金控费的效果。

4. 聚力科技赋能、风控，控制无效支出

处方审核通过后，在患者购药环节同样应警惕高价值特药的倒药、套收等药品欺诈风险，应加强风险管理技术手段，例如通过大数据、人工智能等科技手段赋能理赔审核端，例如市场一些第三方服务公司会通过唯一标识药监码确保药品领取的唯一性和真实性；通过智能终端对客户进行人脸识别活体验证，核实患者身份及生存状态等。

（四）聚焦运营痛点，亟须打通医保商保数据壁垒

惠民保当前业务数据的管理极为分散，由共保方式不同（公域和私域保单的承保方式）导致现实中承保数据、理赔数据不同的数据在保险公司、系统服务商、运营服务商等不同的主体多点储存，数据孤岛、烟囱林立、接口不一、相互割据的情况屡见不鲜，导致诸多问题。

对于居民个人来说，有些地方无法实现通过数据有序互联的方式完成对客户是否既往症人群的自动识别以及一站式理赔结算，导致客户即使生活在当前以5G、区块链、AI为代表的信息科技如此发达的现代社会，也无法享受到科技带来的便利，采用原始的手动发票报销方式；对于指导单位和监管机构而言，事后追踪管理挑战较大或效率极低，甚至无法统计出全口径的承保数据，无法及时获取对项目运转情况的整体了解，导致产品的可持续性发展缺乏充分的科学依据，例如需要更多的医疗数据支持产品精细化的设计和精准定价。

2022年，多个国家层面政策文件均提出推进医保数据和商业保

险数据共享，例如国务院办公厅5月发布的《深化医药卫生体制改革2022年重点工作任务》提出"探索推进医保信息平台按规定与商业健康保险信息平台信息共享"，中国银保监会5月发布的《中国保险业标准化"十四五"规划》提出"推动制定商业保险与医疗、社保部门的数据共享和交换标准，促进普惠型保险的健康发展"。惠民保作为高频发生的医疗险，不管是在高效核保理赔，还是在精准控费、成本测算、风险管控等层面，均对医保与商保数据打通提出了更迫切的需求。因此，亟须政府部门加强对惠民保业务数据的规范化管理：一是规范数据采集、应用，包括数据的采集、调用、存储、接口连接；二是规范连接的准入主体和形式。

（五）深化产业融合，多方联动夯实行业基建

惠民保打破过往保险公司"单打独斗"的发展局面，吸引政府、各类TPA公司、医药产业方等跨行业地纷纷参与，惠民保可持续发展需要各市场主体发挥各自资源禀赋在惠民保发展创新产融合作，探索未来基建新机遇。

1. TPA公司参与高效推广，助力商保下沉

从筹资端扩大参保量是最容易实现且效果明显的抗风险手段。随着大部分惠民保进入2.0、3.0阶段，如何扩大并维持合理的参保量成为首要任务。一方面，通过政府的参与为产品提供公信力背书或者医保局打开医保个账，让老百姓愿意买单是关键因素；另一方面，保险公司亟须提升低成本、高效率的推广运营能力，从而更广泛地传播惠民保，推动普惠商业保险充分下沉，让老百姓在了解惠民保的同时充分了解商业保险，实现以有限的筹资获得更多的参保量。

在2021年的惠民保参保量"竞赛"中，可以看到第三方服务公司如支付宝、微保这类亿级巨池流量平台的推广运营、精细化项目管理能力和流量平台的影响力、转化能力对于筹资端来说至关重要，其

能以低成本、高效率实现参保转化。如在杭州西湖益联保1.0版470万参保人群中由支付宝转化的人数占56%。共保体的销售渠道网络和第三方服务公司在两年的惠民保市场保单扩张中发挥了不可或缺的作用，其中第三方服务公司核心竞争力在于通过科技手段、营销策略输出，解决了惠民保精准触达客户、高效转化的问题。

这与以往"撒网"式的互联网营销不同，惠民保面对的是一座"立体"的城市，需要在有限的售卖期内让产品触达整个城市的市民，并带来转化。

可见惠民保项目的运营必须加强推广策略精细化、专业化和标准化，例如基于城市、基于模式（如前所述，商业化模式或政府参与的各类模式）进行策略定制。比如对政府支持模式来说，一些地市即使政府参与官方背书，但是由于宣传推广渗透不足，参保率仍然不高，未来像浙江丽水等，政府将参保率纳入基层绩效考核，以强政府行政手段获得高参保率的模式很难复制，政府需要投入很大的人力成本和管理成本，部分地市采用与大病医保代缴代扣的模式提升参保率，这种方式容易使老百姓混淆惠民保到底是政府行为还是商保行为，从而影响对老百姓商保意识的培养；以城市来说，城市的人口结构和互联网发达程度也影响着流量平台的转化效果，例如像互联网发达的城市，支付宝会成为重要的获客手段，但在内陆欠发达城市，支付宝的参保量贡献有限，因此需要保险公司协同专业第三方服务公司实施更加精细化的城市推广策略，充分利用城市全媒体渠道。

2. 医药企业参与风险共担，创新支付模式

既往症可保可赔和特药目录的产品形态会实现对药企、药房的直接导流，直接推动药企销售量增长。当前，这一情况也吸引部分药企参与其中愿意为患者输出更多药品福利，这种联动医药产业链共担惠民保风险成为诸多地方探索实践的方向，部分项目出现药企参与风险共担的业态，例如中再集团通过以聚集全国各地城市的支付体量优

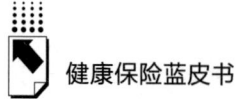

势,联合镁信健康等 TPA 公司与药企展开合作,提升基金的支付效率和患者获得感。而在政府层面政府也呼吁保险公司加强大健康产业协作,例如浙江省从监管政策层面提出鼓励商业保险公司对高值药品、耗材与药企进行谈判,节约基金药品支出的成本。

对于保险端来说,惠民保为其提供一个探索与医药产业创新支付、风险共担模式的机会,为基金提供一层创新的风险支撑保障。国际上通用的方法是基金支付方与药物企业签订风险分担协议来控制创新药物医保/商保准入后对基金运行的风险,例如量价协议(Price-volume Agreement)、折扣协议(Discount)、费用上限协议(Expenditure Cap)、实证发展补偿协议(Coverage with Evidence Development)、结果保证协议(Outcome Guarantee)等。

对于医药端来说,高值创新药械的医保准入压力将持续,商业保险有望成为潜在的支付方。BCG 发布行业预测,若惠民保能保持可持续发展的态势,达到 4 亿人参保,可达千亿规模,惠民保将成为创新支付的重要贡献者。①

高值创新药品如果被纳入惠民保目录,衔接未进入基本医保报销前患者的报销空缺,不仅可以降低患者自费负担,还可以推动创新药品、耗材快速地积累真实的市场检验数据,为进入"国谈"积累有力的药物经济学、临床应用价值等证据,同时为患者提供更多的就医选择,满足患者不断增长的临床需求。

3. 聚合医疗服务方,打造具竞争力的有感服务

提升惠民保的健康服务管理能力也是市场一致认可并需要持续深耕的发展方向。惠民保作为一款既往症可保可赔的产品,聚集了既往症患者、亚健康体以及老年人,他们都是强医疗健康服务需求的群

---

① 《创新药支付"新钱包"——商业健康险准入机会》,BCG 波士顿咨询微信公众号,https://mp.weixin.qq.com/s/1e-e9bydcn01_ZNSdHmPJg。

体。不管是从短期看,健康服务管理可以增加惠民保参保人的黏性,减少脱退率,还是从长期来看,疾病预防、健康管理可以减少疾病发生从而降低理赔支出,这些因素都能促进惠民保可持续发展。

调研结果显示,当前惠民保提供的健康增值服务存在使用率低的问题,分析原因可能如下:一是现有的增值健康服务普遍游离于公立医疗体系之外,不符合我国居民的就医习惯;二是服务存在同质化、碎片化问题,无法满足健康状态差异化的客户需求,难以养成用户使用习惯。因此,对于惠民保未来的健康服务发展,我们认为存在以下两个发展方向。

第一,以惠民保的支付体量将健康服务嵌入公立医疗体系将是一个想象的空间。以浙江省、广东省等多地开展的惠民保医院内一站式结算为例,患者在院内就能完成商保即时结算,这是商业保险与公立医疗体系最紧密的一次联系。以往商业健康险拒赔率逼近40%,浙江省、山东省、广东省等多地在医保局的支持下纷纷将医保系统与惠民保业务系统打通实现医院内一站式结算,通过标准的医疗数据高效对接提高理赔效率、减少纠纷,但是这种直赔模式是基于医疗行为合理的假定,医保数据的打通并不意味着一劳永逸,保险公司仍需要加强医疗费用合理性监管,否则,医疗端不合理的医疗行为连锁反应到商业保险端,将放大理赔风险。

第二,除了便捷结算,未来能否撬动公立医疗体系服务给惠民保客户带来更多的健康体验和医疗体验是值得期待的尝试。例如,公立医院正面临攀升的惠民保理赔困难产生的客诉问题影响着患者就医体验和医院管理,很多地市参保率达到50%以上,具备较大的人群基数,且加上政府约定的高赔付率,意味着赔付发生频率将远高于传统商业健康险,加之主要靠互联网营销的惠民保产品缺乏与客户前置的、充分的产品解释,也为后期的理赔投诉埋下隐患,课题组通过对某省三甲公立医院调研了解到,医院内因惠民保发生的医患矛盾事件

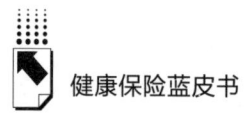

呈现上升趋势，对复杂的免赔额累计计算、医生对药品适应症理解不到位，甚至医生不知晓相应疾病和适应症的药品已经进入了惠民保等导致患者未能使用符合惠民保理赔要求的药品而使得患者无法获赔是医患矛盾产生的主因。另外，仍然存在低收入的患者即使有惠民保的事后报销但仍然无法支付高价的持续的药品费用，从而难以维持长期的治疗。过去医保通过在医院设置医保窗口解决参保人的报销问题，商业保险也应提升医院端的商保服务，协助医院设置商保窗口提升患者就医体验：可以对医生和患者进行商保理赔政策宣导，将问题处理前置减少客诉；借助商保窗口对患者开展健康教育，为患者提供资金垫付、金融分期等服务提高患者治疗依从性和促进疾病愈合进展；同时将惠民保产品以及健康服务与就医场景强绑定，大大提升产品的曝光度和公信力。

需要切合城市特点，属地化提供全流程、全周期的健康管理服务。惠民保的参保人具有较强的地域特性，因此未来在整合健康管理链条服务时，一方面要考虑到切合该城市参保人的就医习惯，搭建本地化的健康服务管理平台；另一方面要深入参保人疾病预防、诊断、治疗、康复的全周期，对参保人健康状况实时监控，促进客户保持规范化的诊疗，进而达到有效控制疾病的发生或发展、显著降低出险概率和实际医疗支出的目标，这需要惠民保项目运营方提升整合健康产业上下游健康管理机构或者医疗机构的能力。

（六）围绕惠民保基建，打造多层次商业健康保障体系

价格惠民是惠民保的核心特点，这也决定了它的保障内容相对受限，因此需针对惠民保人群其他保障需求予以满足。前文中也提到，惠民保保障对全部医疗费用的覆盖有限，仍有明显风险保障缺口，因此在多层次医疗保障体系下，惠民保的参保客群仍需要根据自身的消费水平和风险偏好，购买不同层次的商业医疗保险。但由于医疗保障

体系的复杂度较高,并且消费者不能清晰地理解基本医疗保险、大病医疗保险、惠民保等保障层次的保障水平和范围,给其他商业医疗保险的推广提出了挑战;从当前市场看,商业保险公司也暂时未能就惠民保产品进行经营策略的针对性调整,例如基于惠民保市场进行拓展经营,为居民打造多层次商业健康保障体系。

因此,我们建议从产品设计、保险教育以及惠民保推广渠道的利用三个步骤提出经营策略。

一是产品设计,保险公司需要针对惠民保的保障特点,设计有针对性的补充惠民保的商业医疗保险。对于补充惠民保的商业医疗保险的设计,有以下三个思路。

其一,更高赔付频次医疗险。惠民保产品是高免赔额产品,赔付频率较低,因此可以针对免赔额下的保障空缺开发更高赔付频次的医疗险产品,向下补充惠民保产品。

其二,健康服务深度聚合型医疗保险。惠民保的承保人群会带入大量的亚健康体、次标准体和慢病群体,而这些群体需要和各类医疗资源进行高频交互,因此可以开发健康服务深度聚合型医疗保险,将各类医疗产品,如康复护理服务、慢病管理服务、互联网门诊服务、公立医院视频问诊等服务,进行保险产品化设计。由于传统商业健康险中附带的健康管理服务通常具有感知度不高、使用频次低、不被民众信任等特点,因此在服务的选择上,需要真正对民众需要的、有高频需求的、有属地化特色的医疗资源进行整合。

其三,涵盖先进医疗资源的商业医疗保险。惠民保紧贴国家医保进行设计,在先进疗法方面往往比较滞后,因此可以开发向上补充的商业医疗保险,对优质医疗技术的保障进行补充。目前已有个别惠民保产品尝试纳入质子重离子治疗或 CAR-T 治疗,但仍有很多较为昂贵的治疗方法(如 VitaFlow 经导管主动脉人工瓣膜价格高达 20 万元),会给被保险人带来极大的经济压力,因此可从提升被保险人医疗品质及其对先进医疗资源可及性的角度出发，开发设计先进医疗资源的商业医疗保险。

二是保险教育，惠民保在铺开市场的同时，需要对投保客户进行医疗保险教育，让市场清楚地认识到惠民保产品无法解决所有的医疗风险。

三是惠民保推广渠道的利用，目前由于销售渠道的差异，消费者触达不同层次商业健康险的路径是分散的，推广效果不佳，惠民保销售渠道的客户经过基本医保和惠民保产品的"教育"后，更容易了解商保的重要性，惠民保承保公司、第三方服务公司等各参与方可抓住机会在惠民保投保的同时，优化保险信息获取和保险产品选择的路径，为客户提供接触和了解"补充惠民保的商业医疗保险"的机会，提升民众对于多层次保险保障的可及性。

总体而言，惠民保的补充商业医疗保险需要两方面的支持：一方面需要在产品设计和资源整合上进行深耕，另一方面在推广方式上需要配合惠民保产品本身的销售进行客户触达和市场教育。

结束语

惠民保作为具有"普惠"性质的商业医疗险，经过多年发展，对基本医疗保险已经形成重要补充；在保险端，它对传统商业健康险形成一定的冲击，预期将在未来引发健康险产品结构深刻转型；既往症可保可赔、药品目录的产品形态以及政府参与、市场运作的发展模式也吸引医药企业纷纷参与，产业融合模式需要更深入的探索。

本报告聚焦惠民保可持续发展，通过深入调研发展模式、产品设计、参保现状、理赔现状，洞察各方考量、隐藏风险和潜在价值，提出惠民保未来发展趋势。应该从筹资、支付和数据共享三方面促进惠民保的可持续发展：一是通过完善定价、改进服务、主管部门支持开放职工基本医保个人账户、提升消费者风险保障意识等方面提升健康人群参保率；二是科学划定保障范围，创新支付方式；三是实现数据共享，提升运营效率。

国际借鉴篇
International References Report

B.9
商业健康保险促进德国第二健康市场发展经验和启示

邵晓军 蒋伊石*

摘　要： 为满足不同特征的人群需求，开发基于个性化健康服务的保险产品是未来商业健康保险的重要发展趋势。德国第二健康市场的经验表明，基于被保险人个性化要求的健康服务项目，需要商业健康保险作为支付方，商保清单对相应的健康服务范围加以规范，与基本医疗保险目录有效衔接。

关键词： 第二健康市场　商业健康保险　个人健康服务　德国

---

* 邵晓军，泰康养老保险首席医疗官；蒋伊石，泰康养老保险健康险事业部高级经理。

中国经历了 40 多年经济快速增长,居民可支配收入不断增加,人民群众的生活得到了极大的改善。下一阶段的经济发展目标是实现"共同富裕",人们的收入将进一步增加,健康在生活中的重要性也随之增加,对医疗保障和健康服务的需求日益增长。人口发展进入了关键的转折期,老龄化的进程明显加快,老年、慢病、失能等人群对于健康服务的需求不断升级。除了老龄人群,妇幼健康、职业健康等全周期的健康服务需求也明显增长。在健康需求增长的同时,差异化、个性化程度也不断加深。2021 年底我国高净值人群数量达到 300 万人,与此同时经济的发展也形成了数量庞大的中等收入群体,他们希望更加全面平衡的身心健康状态,希望医药机构和商业保险能提供高品质个性化的健康医疗服务。21 世纪是生命科学的世纪,创新医药科技发展带动医疗健康产业快速发展,医疗健康行业具备非常强的发展潜力,将成为未来经济增长的动力。这些因素都为个性化健康服务的发展提供了发展基础和强大动力,也给健康服务的供给侧带来了巨大挑战,需要进一步改善服务品质,加大服务供给。

大健康产业的发展在较高经济收入和较高健康需求的环境下得以快速发展,但从供方支付的角度分析,与个人卫生支出相比,商业健康保险赔付占卫生总费用的比例仍然较低,人民群众的保障缺口仍然较大,商业健康保险的补充保障能力有待加强。尤其是在基本医疗保障秉持"广覆盖、保基本"的原则、基金中长期发展承压的情况下,商业健康保险的发展是医疗健康产业发展的重要动力。从需方保障的角度分析,银保监会发文指出,当前商业健康保险风险保障能力不足,其中之一就是商业医疗保险缺少中高端医疗服务或一般设置有较高的门槛条件,在满足该类群体日益增长的定期医疗咨询、专家/特需门诊、高端设备使用等服务需求方面存在明显不足。

因此,为满足不同特征的人群需求,开发基于个性化健康服务的保险产品是未来商业健康保险的重要发展趋势。为推动商业健康保险行业向长期化、多元化、可持续化方向转型，必须在顶层设计上做好规范化布局，因此建立体系化的商业健康保险目录十分必要。通过建立商业健康保险目录，明确商业健康保险的支付范围，有效衔接基本医保目录，形成多层次的医疗保障体系，更重要的是维护和促进药械—医疗—保险的生态链完善，促进医药技术创新。参照德国经验，基于被保险人个性化要求的健康服务项目，更多需要商业健康保险覆盖，并通过相对规范的清单作为相应的服务范围，有效衔接法定医疗保险，形成差异化的保障补充。这不仅满足了被保险人的个性化健康需要，提升被保险人的服务体验，而且为医疗机构、医务人员、医药企业等带来了可观的收入，还可提高商业健康保险的吸引力，推进其可持续发展，可谓是三赢。

一 德国健康市场概况

德国卫生经济由两个市场组成：传统的以法定医保为主的第一健康市场和更市场化运作的第二健康市场（见图1）。第一健康市场包括所有服务于医疗、护理和维持健康的服务和商品，服务的有效性和质量必须符合医学合理、普遍接受的标准，并综合考虑医疗的发展。其资金来自法定医疗、长期护理、养老金、意外保险和公共预算。这是受高度监管的市场，其增长一直受到法律法规和医疗改革的严格监管，以限制法定医疗保险机构在药品、医院和医疗服务方面的支出。第二健康市场包括由患者/客户自费或商业健康保险支付的所有与健康医疗相关的商品和服务，其中包括先进医疗技术、替代治疗方法（例如自然疗法、中医草药）和预防服务的个性化健康医疗服务及相关产品。第二健康市场发展过程中越来越多的医生（包括牙医）积极加入并提供个人健康服务（IGeL）。

商业健康保险促进德国第二健康市场发展经验和启示

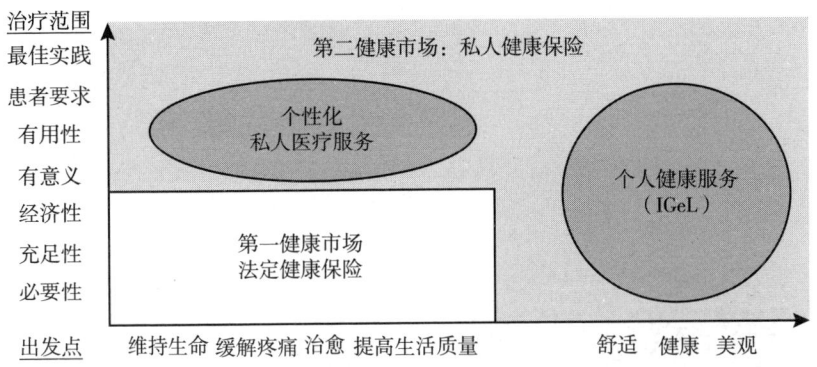

图 1 德国的第一和第二健康市场

在卫生经济核算领域,德国联邦政府将卫生经济基于支付来源和健康服务或商品两个维度划分成一个四维矩阵(见图2)。支付来源主要分为法定健康保险和商业健康保险/个人健康支出。医疗保健服务或商品则以核心领域和延伸领域的形式区分,核心领域包括传统的医疗保健服务,即属于法定健康保险机构和其他社会保障机构报销范围的所有商品和服务,例如药品、医疗器械、法定健康保险机构的行政服务、医院、康复设施、医生(包括牙医)的服务以及核心市场商品的批发。延伸领域包括那些"不属于核心市场,但具有客观的健康益处,基于与健康有关的自主购买"的健康服务或商品。延伸领域包括卫生经济非主要组成部分的商品和服务,但在卫生系统的运作中发挥重要的作用,例如非处方药、个人健康服务(IGeL)、旅行医学、医疗保健领域的商业咨询、研发投资、人员培训及医疗保健中的IT解决方案。[①]

---

① Jan N. Gerlach, et al (2018):"GesundheitswirtschaftFakten&Zahlen-HandbuchzurGesundheitswirtschaftlichenGesamtrechnungmitErläuterungen und Lesehilfen",https://www.bundesregierung.de/breg-de/service/publikationen/gesundheitswirtschaft-fakten-zahlen-handbuch-1013344.

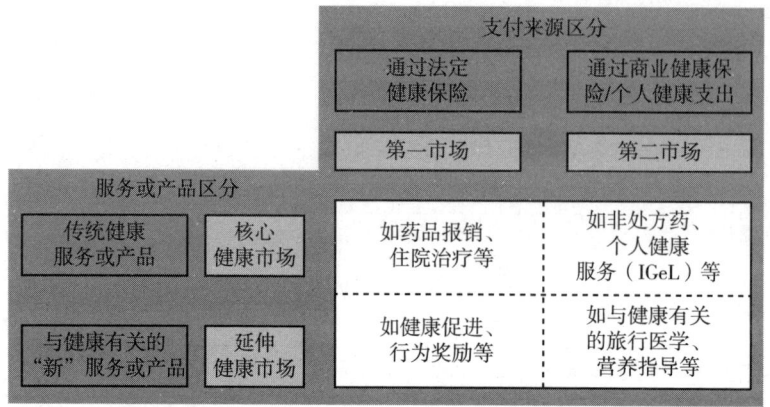

图 2　德国卫生经济根据产品服务和支付来源区分的四维矩阵

近年来，第二健康市场的重要性显著增加，因为越来越多的人更关注自己的健康，需要使用个性化服务和商品来维持健康，第一健康市场的供应对他们来说是不够的。在人口老龄化的背景下，第二健康市场为商品和服务的发展提供了各种起点，特别是在老年生活、家庭健康、个性化医疗、制药/生物技术和旅行医学等领域，尤其适用于使人们在年老时能更长时间地待在自己家里接受健康商品和服务。在传统的医疗领域之外，有许多旨在维持或恢复健康的服务，如理疗、针灸等治疗服务、自然疗法或补充医学应用、顺势疗法和营养或人体工程学咨询服务。大多数个人付费的附加服务由个人健康服务（IGeL）目录中的专家组医生提供。被保险人可以选择通过商业保险公司的商业健康保险或法定健康保险机构的额外保险来获得个人健康服务（IGeL）报销。第二健康市场的服务细分为各个领域（见图3），其中预计销售额会大幅增长的细分市场主要是口腔健康、补充医学、美容医学和个人健康服务（IGeL）。个人健康服务（IGeL）是未包含在法定健康保险机构（GKV）服务目录中的医疗和牙科服务，占医疗服务营业额的4.5%左右，下文将有详述，此处简要介绍另外三个领域。

商业健康保险促进德国第二健康市场发展经验和启示

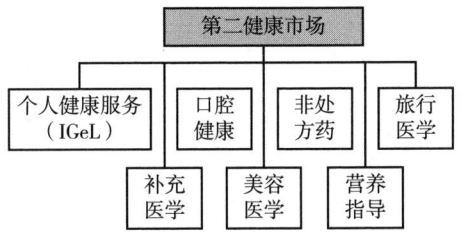

图 3 第二健康市场的发展领域

资料来源：Institut Arbeit und Technik（2014）："Entwicklungschancen des ZweitenGesundheitsmarktes in der Rhein–Main Region und Hessen"，https://gesundheitswirtschaft-rhein-main.de/wp-content/uploads/2022/03/GWRM-Studie-2014-Zweiter_ Gesundheitsmarkt.pdf；Petra Schnell-Inderst, et al（2011）："IndividuelleGesundheitsleistungen. DeutschenInstitut für MedizinischeDokumentation und Information（DIMDI）"，https://portal.dimdi.de/de/hta/hta_ berichte/hta280_ bericht_ de.pdf.

口腔健康：该领域可分为牙医和牙科技师提供的牙科服务。牙科服务和假牙的总费用分别占法定健康保险机构总费用的5%、2%，其个人共付尤其是假牙的共付是很常见的，每年约为20亿欧元。德国牙医协会预测到2030年所有牙齿保护服务领域的销售增长，个人支付的比例将从29.6%（67.3亿欧元）增加到39.8%（107.6亿欧元）。尽管采取了预防措施，但由于人口老龄化，假牙的使用比例仍将保持在高水平。在牙科技术领域，计费的缺点是患者不直接向实验室计费，而是牙医为服务付费，最大的挑战在于国内外低成本供应商越来越多，竞争日益激烈。①

---

① Yvonne Losensky（2015）："Wachstums-und Innovationsmotor des zweitenGesundheitsmarktes. Handlungsfelder, Leistungen und Aussichten"，https://www.grin.com/document/305452；Institut Arbeit und Technik（2014）："Entwicklungschancen des ZweitenGesundheitsmarktes in der Rhein-Main Region und Hessen"，https://gesundheitswirtschaft-rhein-main.de/wp-content/uploads/2022/03/GWRM-Studie-2014-Zweiter_ Gesundheitsmarkt.pdf.

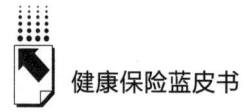

补充医学和替代治疗：包括顺势疗法、抗衰老与自然排毒疗法、手法医学、针灸、神经疗法、TCM（传统中医），这些治疗在初级保健中变得越来越重要。尽管医疗界对于补充医学和替代治疗存在不同意见，消费者对补充医疗和替代治疗的需求旺盛，目前许多医生都提供这两种服务。由于顺势疗法、针灸和手法疗法（温和的脊柱按摩疗法、整骨疗法、按摩、针灸按摩、运动机能学等）等并没有医学循证评价标准，联邦联合委员会（G-BA）在开始阶段未将其纳入法定健康保险，仅由少数法定健康保险机构支付，服务提供者可以从商业健康保险公司获得偿付。根据联邦健康报告，2013年有57557名医生提供替代医学服务，而2005年仅有39036名。2011年，商业健康保险公司在替代治疗服务上花费了约2.93亿欧元。越来越多的人正在享受自然疗法服务，其需求增加的原因在于耐受性更好、副作用更少。

美容医学：该领域包括医学上无指证、仅用于美容的医学治疗，包括整形手术、经典整容手术或其他微创手术，例如肉毒杆菌注射。2012年有1600~1700名医生从事美容外科工作。美容手术的市场规模估计每年约为5.7亿欧元。根据德国美容外科协会的数据，2010年进行了约117000次整容手术和约134000次皱纹治疗。近年来，美容护理的数量不断增加。

二 德国第二健康市场发展状况

（一）背景

德国第二健康市场的出现始于20世纪90年代末，建立背景在于法定医保准备实施支付方式改革并进一步控制医疗服务预算，医生和医疗机构寻求通过提供法定医疗服务外的高质量、个性化医疗服务吸引优质客户并开拓额外收入来源。1992年，德国联邦政府通过了

《健康结构法》(Gesundheits Struktur Gesetz，GSG)，该法于1993年开始生效。该法的目的是降低医疗系统的成本，并对法定医疗保险系统进行结构性改革。改革要点主要包括控制医院、医疗和牙科服务的支出预算以及健康保险基金的行政费用、严格医生的人事规划和住院限制。1993~1994年，《健康结构法》为健康保险基金带来了大量盈余（1993年：53.2亿欧元；1994年：11.1亿欧元）。然而，由于经济发展越来越差，失业率不断上升，1995年健康保险基金亏损35.5亿欧元，平均缴费率从1995年的13.2%上升到1996年的13.5%。1996年联邦政府责成法定医疗保险基金从1997年1月1日起将其缴费率降低0.4个百分点，但参保人共付的药品、治疗和后续康复费用再次增加。健康保险补贴（如眼镜）被完全取消，疾病津贴从总费用的80%降至70%。1997年7月，《社会保险重组法》再次提出降低医疗系统的成本。法律规定重新设计共付的负担限额，药品和医疗援助的区域预算被取消，并为专科医生群体引入了指导性总额。为了维护医院的财务稳定，参保人在1997~1999年每年都做出20马克的紧急支付。因此，在医生收入下降和支付点值贬值的背景下，全国法定健康保险医师协会（KBV）董事会与医学协会、专业组织一起，决定起草一份个人健康服务目录，作为当时医生收入下降的一种补偿。个人健康服务（IGeL）的目的是在法定健康保险认可的医生提供的服务之外建立另一个经济支柱。[1]

对于第二健康市场的存在和发展，人们往往有不同的评价。支持者认为它是创新发展的驱动力，尤其是体现了公民消费和投资行为，更加关注与健康有关的商品和服务。但同样也有人担心，这可能会导致健康不平等日益严重。抛开这些争论，第二健康市场本身就值得更

---

[1] HeinkeRehder (2008): "IndividuelleGesundheitsleistungen und Leistungsbegrenzungen in Deutschland: Hintergründe, Angebote, Patientenerfahrungen", https://www.zhb.uni-luebeck.de/epubs/ediss688.pdf.

多关注，因为它的发展反映了社会和经济变化的几大趋势。首先，社会、经济和政治对健康话题的关注正在增加，反映在对健康的承诺和支出不断增加，超出了强制性的法定健康保险的范围。其次，人口结构的变化极大地增加了人们对健康的关注，而且越来越多的人认为健康是可干预的，选择采纳健康的生活方式来保持健康。最后，医药科技的发展带来了更多创新有效的药品、设备、诊断和治疗手段，同时也推动了预防医学的发展，使得更多维护健康的方式得以便携地落地实施。例如健康促进不仅在医院开展，住宅和社区正成为改善健康的区域，未来人力老化和短缺也促使企业采取预防性健康管理。①

（二）第二健康市场的重要性

为了说明德国卫生经济各个细分领域的重要性，图4显示了根据四维矩阵的卫生经济发展。2006~2017年，德国的健康总费用增加了约1500亿欧元，这相当于3.7%的年平均增长率，这一发展的增长动力主要是卫生经济第一健康核心市场的卫生服务。2017年，该板块与健康有关的商品和服务的消费约为3020亿欧元，这相当于健康总费用的2/3左右。自2006年以来，该板块的年平均增长率为4.0%。在延伸市场中，对于商业健康保险和个人健康支出的商品和服务是第二大增长动力。2017年，该板块与健康有关的商品和服务的消费约为740亿欧元，这相当于健康总费用的16%左右。自2006年以来，该板块的年均增长率约为3.6%。②

---

① Institut Arbeit und Technik (2014): "Entwicklungschancen des ZweitenGesundheit smarktes in der Rhein–Main Region und Hessen", https://gesundheitswirtschaft–rhein–main.de/wp–content/uploads/2022/03/GWRM–Studie–2014–Zweiter_Gesundheitsmarkt.pdf.

② Jan N. Gerlach, et al (2018): "GesundheitswirtschaftFakten&Zahlen-HandbuchzurGesundheitswirtschaftlichenGesamtrechnungmitErläuterungen und Lesehilfen", https://www.bundesregierung.de/breg–de/service/publikationen/gesundheitswirtschaft–fakten–zahlen–handbuch–1013344.

商业健康保险促进德国第二健康市场发展经验和启示

		第一市场	第二市场	合计
核心健康市场	2017 2006	3020亿欧元 +4.0%/年 1960亿欧元	470亿欧元 +2.6%/年 350亿欧元	3490亿欧元 +3.8%/年 2310亿欧元
延伸健康市场	2017 2006	290亿欧元 +3.5%/年 200亿欧元	740亿欧元 +3.6%/年 500亿欧元	1030亿欧元 +3.6%/年 700亿欧元
合计	2017 2006	3310亿欧元 +3.9%/年 2160亿欧元	1210亿欧元 +3.2%/年 850亿欧元	4520亿欧元 +3.7%/年 3010亿欧元

图4 卫生经济四维矩阵中各板块的发展

第二健康市场具有重要的经济意义，并显示出高于平均水平的增长态势。根据由联邦经济事务和能源部支持的卫生经济研究，第二健康市场在2005~2012年增长了29.8%，达到679亿欧元。这相当于年增长率为4.0%，比第一健康市场高出约0.5个百分点。2009~2010年第二健康市场的增长率为7.02%，是第一健康市场的2.5倍左右。虽然核心市场只有11%的医疗保健服务由第二健康市场提供资金，但在延伸市场这一比例超过70%。① 在核心市场中，住院治疗和门诊治疗的总量占比最高，但是在不同核心服务第一和第二健康市场的构成比中，第二健康市场的医疗技术尤其是眼镜和助听器占比最高，为60%。在延伸市场中，第二健康市场几乎是第一健康市场的2~3倍，尤其是独立保健商品和体育、健身等健康服务最为强劲。2012年，大约3000亿欧元的医疗保健支出中约有14%的由第二健康

---

① Markus Schneider, et al（2016）: "GesundheitswirtschaftlicheGesamtrechnung 2000 - 2014", https://www.nomos - elibrary.de/10.5771/9783845271705/gesundheitswirtschaftliche-gesamtrechnung-2000-2014?page=1.

市场承担，这一事实表明了第二健康市场的整体经济重要性。① 第二健康市场的增长率也凸显了自筹资金的健康服务在德国卫生经济中日益重要的地位。

实践表明，德国第二健康市场的确起到了替代经济、创造经济与补偿经济的作用。第二健康市场通过增加个人消费支出，对第一健康市场进行财政补偿，产生替代性补偿效应。例如，由于法定健康保险缩窄了保障范围，正如近年来牙科领域需要通过第二健康市场来补偿。第二健康市场主要是为了支付第一健康市场不断上升的保健开支。除了经济层面，还必须考虑到资金从第一健康市场转移到第二健康市场在一定程度上对健康有同样的影响。从循证或保健的角度来看，个人消费者在第二健康市场上的支出与保健意识有关：保健意识越强，越是将健康作为值得保护的高度优先事项，并尽可能自主地处理和安排，从而提升健康水平。除了替代效应外，第二健康市场还可以创造经济。人民群众的健康需求能不能转化为实际消费，很大程度上取决于其购买力。第二健康市场由于更好地满足了民众日益增长的健康需求，将额外产生健康服务提供者的收入或营业额。第二健康市场对公共预算还有财政补偿效应。从宏观经济的角度来看，第二健康市场上个人消费支出的增加将促进就业的普遍上升，这也意味着需要缴纳社会保险费的工资基数增加、基于工资的税收增加。总的来说，第二健康市场改善了社会保险特别是健康保险的融资基础。

以个人健康服务（IGeL）为例，其可以在第二健康市场下的核心市场找到。地方健康保险基金科学研究所（WidO）的数据反映了个人健康服务（IGeL）的重要性，该数据是基于2012年对2003名

---

① Institut Arbeit und Technik（2014）："Entwicklungschancen des ZweitenGesundheitsmarktes in der Rhein-Main Region und Hessen"，https：//gesundheitswirtschaft-rhein-main.de/wp-content/uploads/2022/03/GWRM-Studie-2014-Zweiter_Gesundheitsmarkt.pdf.

18 岁及以上的法定健康保险参保人进行的全国性代表性调查。几乎 1/3 的参保人（29.9%）在一年内购买过个人健康服务（IGeL）。接受超声波检查（20.6%）的参保人比 2001 年（8.9%）多出约 3 倍。按每项服务的平均价格 70 欧元计算，2010 年实现约 1820 万个个人健康服务（IGeL）项目，其价值约为每年 13 亿欧元。商业健康保险对个人健康服务（IGeL）的支出最初体现为医疗机构的额外收入，更重要的是患者对个人健康服务（IGeL）的支付意味着进一步支持医疗服务供应方的价值创造并增加就业。仅用纯粹的经济效应评估医疗服务是不够的，也必须考虑医疗效果和效用。

第二健康市场的另一特点即商业补充保险[1]，在法定健康保险中添加各种服务。例如，法定健康保险通常只涵盖 50%~65% 的假牙费用。商业健康保险患者可以通过额外的补充保险来弥补这一比例，并选择更优质牙科材料进行牙科治疗。近年来，法定健康保险的补充保险持有人数量有了相当大的增长。根据商业健康保险公司协会分析，主要有两个因素：其一，由于社会保险的福利目录被削减，越来越多的人认为在生病时增加保险是必要的或明智的；其二，自 2003 年《社会保险现代化法》实施以来，法定和商业健康保险公司之间的合作已经成为可能。这使得许多人更容易购买商业补充保险。除了经典的补充保险外，还有其他类型的保险作为综合保险的补充。除日常疾病津贴保险外，还包括住院津贴保险和补充长期护理保险。值得关注的是住院津贴保险在其他形式的保险呈现增长的同时，与 2005 年相比平均每年下降 1.7%。

---

[1] Markus Schneider, et al（2016）："GesundheitswirtschaftlicheGesamtrechnung 2000-2014"，https：//www.nomos-elibrary.de/10.5771/9783845271705/gesundheitswirtschaftliche-gesamtrechnung-2000-2014?page=1.

（三）德国个人健康服务（IGeL）

1998年，法定健康保险医师协会（KBV）当时的主席Winfried Schorre博士首次提出了个人健康服务的概念，"通过梳理那些不属于法定健康保险责任范围的服务，有助于提高卫生系统的透明度。我们希望创造必要的条件，以便在公民自主决定的基础上，以有针对性的方式满足法定健康保险系统责任之外的个人健康需求"。法定健康保险责任之外的服务应该从灰色区域中剥离出来，以便在这些领域引入并实施质量保证措施。1998年，个人健康服务（IGeL）由法定健康保险医师协会（KBV）和独立的医学专业协会编入目录，当时的IGeL服务大约有70个上市的IGeL服务，到2007年已经变成了300多个。

IGeL通常被称为"自费服务"，是指患者在医疗实践中必须为自己付费的所有服务，是未包含在法定健康保险机构（GKV）服务目录中的医疗和牙科服务。然而，这个定义并未统一，不同的保险公司及产品涵盖不同类型、不同数量的服务。因此，一般将IGeL理解为不属于法定健康保险机构规定的服务目录的所有服务。大多数IGeL服务用于预防、早期发现和治疗。这些服务可能并不是在疾病治疗中的医疗必需，而是更多地立足于患者的个性化服务需求和疾病的一级预防。因此，第二健康市场的服务聚焦重点不仅限于治疗疾病，而是提供预防和护理以及高质量医疗服务。医生在提供IGeL服务前，不仅考虑经济利益，更多出于疾病的治疗和预防的考虑，仔细斟酌IGeL是否值得实践，再向患者推荐相应的服务。医生与患者达成共识后，签订相应的治疗合同再提供IGeL。药剂师或物理治疗师在这方面也发挥着重要作用。这些对于将治疗疾病的单一生物医疗模式，转变成"生物—心理—社会"一体化的新模式以及以预防为主的健康理念转变是一致的。

在德国《社会法》第五册中，立法机关规定了法定医疗保险机构可以覆盖的服务："服务必须充分、适当、经济，它们不得超过必要的数量。"如果医生提出的检查或治疗未列入法定健康保险基金提供的服务目录，则由法定健康保险参保人自行支付，此类服务被称为个人健康服务（IGeL）。就其与法定健康保险服务的关系而言，它们是被排除在法定健康保险服务范围之外的服务，但在一定情况下可能是有用的诊断或治疗。鉴于将新方法纳入法定医保福利的程序相对复杂，而且对基于证据的纳入标准要求很高，特别是在疾病较罕见的情况下，可能会出现根据目前的医学知识状况建议在社会保险福利之外进行新方法治疗的情况。此外，还有一些医疗服务未被纳入社会保险福利，如旅行体检或年度体检，将来也很难被纳入法定健康保险制度的福利范围。最后，有些服务根据个人的情况可以由社会保险福利涵盖，也可以构成个人健康服务，例如，如果希望进行没有指证的诊断检查，这也不包括在社会保险的福利范围内，而是作为个人预防服务。[①]

立法者要求，成为法定医疗保险覆盖服务有两个先决条件：该方法必须服务于患者的治疗或早期检测，而且必须得到联邦联合委员会（G-BA）的批准。因此，IGeL 可以分为两组、一是既不属于治疗也不属于早期检测的服务，例如，长途旅行前的疫苗接种。二是被视为治疗或早期检测措施，但 G-BA 尚未评价为积极有效的服务，如肺癌检查、一些实验室检查和创新的治疗方法。但这些服务通过有效评价未来有可能被纳入法定健康保险，例如用于皮肤癌筛查的皮肤镜检查是 IGeL 受欢迎的十大项目之一，多年来其评估结果一直是皮肤科医生和健康保险公司之间有争议的问题。之前它一直属于 IGeL，自 2020 年 4 月以来，该检查已成为皮肤癌筛查的一部分，35 岁以上的

---

① Bundesärztekammer（2006）：Beschlussprotokoll des 109. DeutschenÄrztetagesvom 23. bis 26. Mai 2006 in Magdeburg. DtschArztebl, 103（10），A-642／B-550／C-530.

被保险人可以每两年使用一次。对于 35 岁以下或检查频率高于每两年一次且无疑似癌症的参保人进行检查时，它仍然是 IGeL。

如前所述，1998 年 3 月 18 日，全国法定健康保险医师协会（KBV）批准了个人健康服务（IGeL）的概念，同时与医学协会发布了个人健康服务清单。最初由全国法定健康保险医师协会接管，并进一步由医学协会以医疗费用表（MEGO）的形式公布，2007 年 MedWell 健康有限公司接手了这项任务。MEGO 中显示的个人健康服务根据医学相关性标准不断进行评估。商业医疗结算办公室（PVS）针对其医疗票据交易服务，也发布了 IGeL 精选，提供十类精选 IGeL 的服务目录。其他网络咨询公司也为 IGeL 提供了类似的分类系统。[①]
与商业健康保险结合程度最深、相对专业的仍然是 MedWell 健康有限公司发布的医疗费用表（MEGO）。为了能够为所列服务提供价格和资金，该公司同时提供德国健康保险公司（DKV）的 "OPTIMED®" 保险费率。该收费标准是作为商保参保人的保障内容而定价，例如更快的预约分诊、更短的等待时间以及医生的详细咨询等（见表1）。

表 1　部分机构对个人健康服务（IGeL）的分类

MEGO	PVS	健康保险基金 ABC
5 类	10 类	10 类
预防	预防性体检	预防性体检
创新和尖端医学	创新检查和治疗	创新检查和治疗
顶级服务和舒适医学	医疗服务	医疗服务
	心理治疗服务	心理治疗服务
	实验室诊断服务	实验室诊断服务
	其他可选服务	其他可选服务

---

① HeinkeRehder（2008）："IndividuelleGesundheitsleistungen und Leistungsbegrenzungen in Deutschland：Hintergründe, Angebote, Patientenerfahrungen"，https：//www.zhb.uni-luebeck.de/epubs/ediss688.pdf.

续表

MEGO	PVS	健康保险基金 ABC
5类	10类	10类
替代和环境医学	替代医学	替代医学
	环境医学	环境医学
生活方式和健康医学	医学美容服务	医学美容服务
	休闲、度假、运动、职业	休闲、度假、运动、职业

注：MEGO，医疗费用表，MedWell 健康有限公司 2007 年发布；PVS，商业医疗结算办公室 2004 年发布；健康保险基金 ABC，网络咨询 Lorenz GbR 公司 2008 年发布。

资料来源：HeinkeRehder（2008）："IndividuelleGesundheitsleistungen und Leistungsbegrenzungen in Deutschland：Hintergründe, Angebote, Patientenerfahrungen"，https：//www.zhb.uni-luebeck.de/epubs/ediss688.pdf。

2012 年，德国医学协会、全国法定健康保险医师协会与德国循证医学网络合作发布了《患者和医生个人健康服务（IGeL）指南》。其中列出了部分不同类型的 IGeL。①早期检测检查：目的是在症状出现之前及时发现已经发生的疾病。如果通过提前治疗有可能治愈或延长生命，那么早期发现是有益的，或者说它能改善生活质量。但是，如果早期发现并不总是能够更好地治愈疾病，甚至导致心理恐慌或不必要的侵入性操作等，那么筛查也可能是有害的。有些筛查由法定健康保险基金支付，而尚未得到积极评估结果或尚未评估的早期检测则为 IGeL。②与休闲、假期和体育有关的健康服务。③医疗美容治疗。④与疾病的检查和治疗无直接关系的医疗服务，如健康证书或特殊疫苗接种。⑤实验室检查：可能与疾病无直接关系、医学上不必要的实验室检查。⑥心理治疗服务：某些心理治疗方法也作为 IGeL 提供。

除了目录与定价，IGeL 也有机构定期评估其有效性。全国健康保险基金协会的医疗服务部（MDS）每两年评估一次个人健康服务，发布 IGeL-Monitor。根据 IGeL Monitor 的 2020 年 IGeL 报告，十个最常提供或要求的 IGeL（不包括牙科 IGeL）是，用于早期检测青光眼的眼压测量，用于早期发现卵巢癌的卵巢超声检查，用于早期发现乳腺癌的乳腺超声，用于早期发现癌症的经阴道超声，用于早期检测前列腺癌的 PSA（前列腺特异性抗原）检查，用于皮肤癌筛查的皮肤镜检查，用于早期发现宫颈癌的薄层细胞学涂片检查，用于预防保健的全血细胞计数，用于早期青光眼检测的眼底镜检查，针灸治疗腰痛。

三 涵盖个人健康服务（IGeL）的商业健康保险产品

基于个人健康服务推出商业健康保险产品对于预防性健康保险的创新发展无疑起到了推动作用，同时也推进了医疗服务的发展。例如，德国 MedWell 健康保险公司针对门诊医生预防保健服务推出了 Optimed 产品，服务内容包括儿童预防保健、各种健康检查、男女癌症筛查、甲状腺癌、皮肤癌、青光眼和骨质疏松症筛查、运动医学检查、旅行医疗建议和疫苗接种。这些服务通过相应的预防保健医疗网络提供此项服务，满足了社保病人对个人健康服务的需求（见表 2）。[①]

基于个人牙科服务推出的商业补充牙科保险 DKV Optident O1D 可用于减少参保人在假牙和牙科预防方面的共付额。年满 18 岁、有法定健康保险的人可以购买该保险。Optident O1D 牙科保险的服务范围包括报销每年两次专业牙齿清洁 50% 的费用，或每人最多 50 欧元；如果由 DKV 的合作网络进行专业牙齿清洁，报销将增加到 100% 或最高 100 欧元。此外 Optident O1D 涵盖牙科修复治疗扣除法定健康保险

---

① 邵晓军：《德国健康保险与预防性医疗服务》，《中国卫生产业》2006 年第 2 期。

表 2　Optimed 服务内容

参保人	服务内容	频次
儿童	新生儿听力检查	3 个月内一次
	幼儿眼科检查	3 岁时一次
	幼儿园入园体检	一次
	脂肪代谢筛查	10~16 岁每年一次
	儿童保健体检	出生 15~18 个月一次 出生 30~40 个月一次 8 岁一次 10 岁一次 14~16 岁时一次
	旅行医疗/疫苗接种	3 年内 3 次
	血型测试	一次
18 岁以上	运动医学检查	每 4 年一次
	肺功能检查	每 4 年一次
	皮肤癌预防	每 3 年一次
	HIV 检测	每 3 年一次
	自我用药建议	每年一次
	家庭药房建议	每 3 年一次
35 岁以上	一般体检	每 2 年一次
	大型健康检查	每 4 年一次
	女性主要癌症筛查	每 3 年一次
45 岁以上	青光眼预防	每 3 年一次
	骨质疏松症预防	每 3 年一次
	甲状腺疾病预防	每 3 年一次
	乳腺癌筛查	每 3 年一次
	男性主要癌症筛查	每 3 年一次
55 岁以上	大脑功能检查	每 3 年一次
	中风预防	每 3 年一次

报销额后剩余费用的 65%，前提是参保人可以证明每年至少进行一次专业牙齿清洁。如果没有进行专业的牙齿清洁，报销率下降 5%，而定期清洁牙齿可以提高 5% 的报销率。Optident O1D 还可以报销镶牙、种植牙和牙齿修复的费用，如牙冠、牙桥、假牙以及维修服务。

每块镶嵌物承担最高发票金额 400 欧元的 65%，因此最高报销额为 260 欧元。对于种植牙服务，最高报销额度限制在每个种植体 1000 欧元的 65%，因此每个种植体最高报销额为 650 欧元。种植牙服务的保障范围为每个颌骨最多 6 个种植体，包括保险开始时已经安装的种植体。如果是与事故有关的牙齿修复，在法定医疗保险支付后，补充牙科保险的报销费率从 65% 增加到剩余可报销费用的 100%。在这种情况下，镶嵌体和种植体的最高金额增加到每个镶嵌体 400 欧元、每个种植体 1000 欧元。

DKV 健康保险公司还利用 Best Care 为保险客户提供高端健康管理服务。Best Care 是德国的一个医疗网络，根据医疗技术水平评估结果精心选择专业医生和医院，拥有德国顶级的医疗专家网络。Best Care 保险产品为客户提供了高质量的服务，大大减少了重疾发生后的理赔成本，为 DKV 带来了良好的效益。其服务内容包括①预约专家：对于严重和危及生命的可保障疾病，在 5 个工作日内预约德国公认的顶级专家。②第二诊疗意见：Best Care 网络中的专家在收到必要的医疗文件后，在 14 个工作日内进行彻底的医学评估，并就进一步治疗提出建议，通常以书面报告的形式提供。③医生推荐：根据被保险人的医疗信息，由 Best Care 推荐的医生和医院进行治疗。④就诊安排：将被保险人安置在单人间并在医院接受医生治疗。安排家属住宿，并提供 500 欧元的一次性款项，例如可支付前往住院的旅费等。

四 发展商业健康保险促进个性化健康服务的建议

根据发达国家经验，当国家人均 GDP 达到 3000 美元时，人们生活和消费的观念、方式将会快速升级，并推动经济高速增长。2021 年，我国人均 GDP 达到了 80976 元，按年平均汇率计算达 12551 美元，已经超过了12000美元的世界平均水平。① 相应地，公众的健康需求也会随之增加，应运而生的是蓬勃发展的健康产业，健康保险业是大健康产业的重要组成部分。近年来，中国建起了世界上最大的基本医疗保障体系，2021年卫生总费用初步推算为75593.6亿元，② 占GDP的比例为6.5%。其中社会卫生支出33920.3亿元，占比44.9%，商业健康险赔付支出4085.3亿元，占比5.4%。③ 2017~2020年，德国医疗卫生支出约占当年GDP比重的12.5%，法定健康保险赔付支出占比为56.7%~57.0%，而商业健康保险赔付支出占比稳定在8.2%~8.5%。由此可见，我国健康产业仍然有较大的发展潜力，而健康保险仍然有较大的提升空间。发展健康服务业，需要在完善基本医保的基础上，加快发展商业健康保险，形成健康服务业的多元支撑。④

按照基本医保限定的支付范围，当前中国医保药品目录内所有药品年治疗费用均未超过30万元，对于部分价格特别昂贵的特殊罕见病用药以及抗癌药物，由于不符合"保基本"原则，无法被纳入基本医保支付范围。而医保诊疗项目目录则不涵盖如大型医疗设备进行的检查治疗项目、非疾病治疗项目类项目和康复性器具等内容。可见基本医保由于其"广覆盖、保基本"的原则，为公众的健康保障留下了一些缺口与空白，需要商业健康保险进行补充支付。另外，特需、舒适医疗服务等高端健康服务也需要有相应的经济支柱来支持其

---

① 国家统计局：《中华人民共和国2021年国民经济和社会发展统计公报》，2022年2月28日。
② 国家卫生健康委员会：《2021年我国卫生健康事业发展统计公报》，2022年7月12日。
③ 中国银行保险监督管理委员会：《2021年保险公司业务经济技术指标》，2022年3月17。
④ 邵晓军、蒋伊石：《商业健康保险在德国医保体系中的定位与策略》，《保险理论与实践》2021年第10期。

发展，扩大优质医疗资源和中高端健康服务供给，使健康服务供给能力更好满足广大人民群众日益增长、不断升级和个性化的健康需求。然而，商业健康保险近年来虽然快速发展，但赔付增长高于保费增长，再加上大部分为重疾险，赔付具有较高的滞后性，发展的长期可持续性承压。此外，商业健康保险产品的同质化程度较高，专业化经营程度不高，需要创新健康保险产品和服务、精细化健康保险产品风险控制、加强与医疗机构的合作，有效推动个性化健康服务的发展。

建立商业健康保险诊疗项目目录：当前中国医疗服务价格项目规范是各级各类非营利性医疗卫生机构提供医疗服务收取费用的项目依据，其中不包含非营利性医疗机构的特需服务和营利性医疗机构的服务标准。各省基本医保医疗服务项目目录是基本医疗保险基金支付医疗服务项目的标准，包含医保完全支付、部分支付、不予支付的医疗服务，并制定了相应的服务价格。商业健康保险应以衔接基本医疗保险、满足个性化健康需求、促进医药创新科技发展为目标，制定相应的商保健康服务目录。而当前商业健康保险覆盖的服务范围比较局限，与基本医保目录的同质化程度较高，并未形成差异化、个性化的商保目录。借鉴德国商业健康保险的经验，保险公司可通过梳理个性化的商保健康服务项目目录并制定相应的服务标准和价格，尤其是关注创新医学技术发展产生的新增医疗服务项目和个性化需求比较强的医疗服务项目，在有效衔接基本医保目录的同时满足人群个性化健康需求，为医疗网络的搭建和健康服务的管理提供相应的准入体系和定价依据，提升专业化的医疗网络管理能力（见表3）。

开发并提供个性化健康服务保险产品：借鉴德国的商业健康保险经验，通过建立个性化健康服务保障责任和内容，整合医疗服务机构与健康管理机构的资源，针对不同客群与服务机构合作、提供不同类型的整合医疗服务，如慢病客户可接受院后随访、康复指导、饮食和运动指导等全方位、全周期慢病管理服务，儿童客户可接受儿童保健、

表3 中国医疗服务价格项目规范和医保医疗服务项目目录涵盖的内容

机构性质	服务项目是否被纳入医保支付	国家医疗服务价格项目规范	各省基本医保医疗服务项目目录
非营利性医疗机构普通部	是	包含服务编码及标准	包含服务编码及价格
	否	包含服务编码及标准	包含服务编码及价格
非营利性医疗机构特需部	否	不包含	包含服务编码,价格由医疗机构自主制定
营利性医疗机构	是	包含服务编码及标准	包含服务编码及价格
	否	不包含	不包含

疫苗接种、营养发育指导等全面、全程儿童保健服务,深化当前商业健康保险的服务内容,提升客户的忠诚度。另外,根据个性化健康服务的使用率和价格数据分别确定中端和高端客户的服务内容,如在当前高端医疗保险的服务内容中选择一些需求弹性较大的保障进行缩减,从而建立产品区隔,同时也有别于其他公司的健康保险产品,形成差异化的竞争优势。

与个性化健康服务机构展开深度合作:我国大型公立医院由于自身的垄断性,并无强烈的意愿与保险公司进行合作,过去的医疗保险通常高度依赖于第三方服务网络。这决定了保险公司在医疗服务的提供和支付上处于弱势地位,中高端医疗保险的产品开发、客户服务、渠道拓展、数据分析等多个核心环节都为国外保险公司或第三方管理机构所控制。但是由于公众的健康需求将逐渐走向多样化和个性化,以及民营资本投资的医疗健康机构不断涌现,医院将考虑吸引高质量的客户群,更多应用创新医药技术,更好地提供健康服务。与保险公司合作,将成为公立医院稳定客户群、突破社保目录的重要选择。保险公司可以借此契机,有效分析不同类型医院的经营状况与需求,自建健康服务网络。例如,保险公司与医院集团、医联体等开展战略合作,共同设计个性化的健康服务,包括医疗服务、健康管理、预防保健等领域。

搭建有效的费用风险控制体系：我国健康保险的个性化健康服务尚处于起步阶段，管理费用支出较大、管理成本较高。保险公司在费用风险控制方面的经验不足，再加上出于短期利益的价格战，使得商业健康保险的风控体系尚未搭建和成熟。尤其是在医疗险方面，保险公司主要承担着被动理赔的角色，在中间过程中缺乏控制手段。保险公司通过建立相应的健康服务内容、标准、价格，可为服务数据收集制定相应的数据标准，在搭建医疗服务网络时便于与健康服务网络建立起更为清晰的"风险共担、利益共享"的合作机制。通过与医院建立有效的信息共享机制，获取被保险人群体的服务内容、医疗费用和就诊次数等信息，收集并建立起完整的健康服务费用资料数据库。定期评价个性化健康服务的服务质量和使用情况，通过数据结果反馈不断调整个性化健康服务内容及相应机构，在健康机构间有效分配健康服务费用，从而优化保险产品、服务及其定价，提升产品的吸引力，保证被保险人的服务体验。

德国商业健康保险通过建立与法定医保差异化的商保健康服务目录，满足了人群多样化、个性化的健康需求，并推进个性化健康服务、第二健康市场发展，为健康产业的发展和医药科技的创新创造了第二经济支柱。商业健康保险通过个性化健康服务充实了保险服务内容，并扩大了客群覆盖、增加了筹资渠道，更重要的是促进了医药科技的高质量发展，对于维护医疗体系的运转发挥了重要作用。中国商业健康保险要抓住大健康产业发展的战略机遇期，通过支持创新医疗技术合作，满足人民群众对高质量医疗服务的需求，打造第二增长曲线。在现有商业健康保险快速扩面的基础上深化保障内容，精细化风险管控，建立专业化经营体系，大力支持健康产业的发展，从而在健康产业链中锚定功能定位，规划保险在大健康产业的发展蓝图。

Abstract

China Health Insurance Development Report 2022 is annual series of reports in *Health Insurance Blue Book*. The main contents are as follows.

The general report reviews and looks forward to the overall development of China's health insurance industry in 2021. The development of health insurance faced transformation pressure. Although the premium income still achieved positive growth, the growth rate slowed down significantly. Long-term health insurance has maintained dominance, but new premiums for critical illness insurance have fallen sharply. Huimin Insurance accelerated the expansion speed and has a noticeable substitution effect on traditional products. The integration speed of cross-industry recourse was accelerated, and the brand trend of health management was more prominent. Health insurance premiums are expected to grow at a low rate in 2022. In the long run, policy dividends will still be released, and there is still ample space on the demand side.

The "Market Reports" section includes Four thematic reports.

Report on *Evolution Trends of Health Insurance Products from 2021 to 2022* pointed out that since 2021, the product structure of private health insurance has been stable, and the relative relationship among critical illness insurance, medical insurance, and nursing insurance has not changed significantly. However, new sales of critical illness insurance have fallen sharply, making it extremely difficult to obtain new customers. Inclusive supplementary medical insurance continues to develop more and more rapidly, and million-medical insurance has entered the stage of customer management. Advanced medical aggregation products show great vitality because they include particular medicine, equipment, advanced therapy, and other medical resources. Long-term care insurance, chronic patient insurance, elderly insurance, and consumer health insurance are still in the initial stage of development.

Survey Report on Health Management Service Demand of Health Insurance Enrollees explores the demand of enrollees for health management services of insurance companies from the perspective of the demand side. The results showed that the requirement of multiple value functions of health insurance became more prominent. At present, private health insurance enrollees are mainly healthy people, and their demands for health management services are primarily focused on health monitoring services. Insurance companies need to optimize the service items further and improve the customers' satisfaction with health management services. Building a service platform and promoting digital health management is expected to effectively encourage the integration of health insurance and health management.

The report on *Insurance Exchange Serves the Development of Urban Customized Private Medical Insurance* is a case study of the Shanghai Insurance Exchange. Taking the advantages of neutrality, authority, and independence of industrial infrastructure, Shanghai Insurance Exchange built the "government guide + market operation + platform service" model. It pushed for a multi-agent win-win in urban customized private medical insurance, including government, insured people, and insurance companies.

The report on *Private Health Insurance Promotes the Development of Second Health Market in Germany* states that to meet the needs of people with different characteristics, developing insurance products based on personalized health services is an important future development trend of private health insurance. The experience of the second health market in Germany shows that the health services based on individual requirements need private health insurance as the payer; the private health insurance list regulates the scope of the related health services and effective links with the basic medical insurance catalog.

The "Institutional Innovation Reports" section focused on the system innovation of Huimin insurance and inclusive supplementary medical insurance, including three thematic reports.

The report on *Where is the "Huimin Insurance" Model Going* pointed out that "Huimin Insurance" is a newly emerging economic phenomenon with various modes. Various modes showed different development trends from the beginning of July 2021 to the end of June 2022. Some modes go into decline, and some modes go into sustainability. Two modes with a high degree of universality have become mainstream. The participation rate of the government-driven mode is about 45 percentage points higher than that of the health-insurance department-driven mode. The new system of "government promotion, private insurance undertaking, and public welfare operation" stands out. It has deeply integrated the market, administrative, and public welfare mechanisms and is a central institutional innovation to promote common prosperity.

Two modes with a high degree of universality have become mainstream. New industrial forms such as "insurance + public welfare" and "insurance + quasi-public welfare" have emerged, which can be uniformly called inclusive supplementary medical insurance from the scientific and theoretical perspective. The report on *Operation Case of Inclusive Supplementary Medical Insurance* took the 2021 operation situation in Shaoxing, Quzhou, and Zhuhai as examples, and analyzed typical cases of the reform of the inclusive supplementary medical insurance system, including financing and insurance participation, reimbursement expenses, operating expenses, and effectiveness. It hoped to contribute to the replication and promotion of this system.

The report on *Research on the Trend of Sustainable development of "Humin Insurance"* proposed to promote the sustainable development of Huimin insurance from three aspects, including financing, payment, and data sharing, by using an in-depth investigation of Huimin Insurance's development model, product design, the current status of insurance participation and claims settlement. First, improve the insurance coverage rate of healthy people by improving pricing, improving services, supporting the opening of employees 'accounts for basic medical insurance, and enhancing consumers' awareness of risk protection. Second, scientifically delimit the guarantee's scope scientifically and innovate the payment method. Third, realize data sharing and improve operational efficiency.

Keywords: Health Insurance; Medical Security; Inclusive Insurance; Inclusive Supplementary Medical Insurance; Insurance Company

Contents

I General Report

B.1 Report on Health Insurance Industry in China in 2021
Yu Ying, Yan Jianjun, Qian Zhiwang and Wu Xiaoming / 001

Abstract: In 2021, the development of health insurance in China faced transformation pressure. Although the premium income still achieved positive growth, the growth rate slowed down significantly. Long-term health insurance has maintained dominance, but new premiums for critical illness insurance have fallen sharply. Huimin insurance accelerated the expansion speed and has a noticeable substitution effect on traditional products. The integration speed of cross-industry recourse was accelerated, and the brand trend of health management was more prominent. Health insurance premiums are expected to grow at a low rate in 2022. In the long run, policy dividends will still be released, and there is still ample space on the demand side.

Keywords: Health Insurance; Inclusive Insurance; Medical Insurance; Insurance Company

Ⅱ Market Reports

B.2 Evolution Trends of Health Insurance Products from 2021 to 2022

Wang Mingyan, Ding Ying, Sun Xiaochen,
Lu Jing and Guo Weiqin / 017

Abstract: Since 2021, the product structure of private health insurance has been stable, and the relative relationship among critical illness insurance, medical insurance, and nursing insurance has not changed significantly. However, new critical illness insurance sales have fallen sharply, making it extremely difficult to obtain new customers. Inclusive supplementary medical insurance continues to develop more and more rapidly, and million-medical insurance has entered the stage of customer management. Advanced medical aggregation products show great vitality because they include particular medicine, equipment, advanced therapy, and other medical resources. Long-term care insurance, chronic patient insurance, elderly insurance, and consumer health insurance are still in the initial stage of development.

Keywords: Health Insurance; Long-term Medical Insurance; Care Insurance

Contents

B.3 Tracking Survey Report on the Application of Health Management Services in Insurance Industry

Li Zheng, Wan Guangsheng, Li Xinhe,

Shi Yufeng and Pu Guiping / 046

Abstract: Integrating health insurance and health management service has become a critical issue in recent years. This report is a tracking survey of the application of health management services in the insurance industry. Through continuous investigation of the current situation, problems, and development trends of health management services in the insurance industry, the conclusions are as follows: Whether driven by internal development need or external customer demand and market competition, insurance companies attach importance to health management services; in the current stage of health management industry support is insufficient and life insurance companies are inexperienced in the field of health management, the screening, providing, integration of health management service and the construction of health service platform are still the challenges for the industry.

Keywords: Health Insurance; Health Management Service; Health Industry

B.4 Survey Report on Health Management Service Demand of Health Insurance Enrollees

Wan Guangsheng, Feng Hua,

Hu Shengfeng, Pu Guiping and Li Zheng / 063

Abstract: This survey report explores the demand of enrollees for health management services of insurance companies from the perspective of the

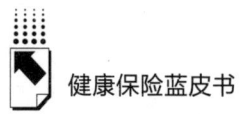

demand side. It analyzed the insured's evaluation of health management services provided by insurance companies and their actual needs for health management services. The results showed that the requirement of multiple value functions of health insurance became more prominent. At present, private health insurance enrollees are mainly healthy people, and their demands for health management services are primarily focused on health monitoring services. Insurance companies need to optimize the service items further and improve the customers' satisfaction with health management services. Building a service platform and promoting digital health management is expected to effectively encourage the integration of health insurance and health management.

Keywords: Health Insurance; Health Management Service; Insurance Company

B.5 Insurance Exchange Serves the Development of Urban Customized Private Medical Insurance

Research Group of Zhong Bao Ke Lian Technology Co., LTD / 081

Abstract: Urban customized private medical insurance is a crucial exploration to improve our medical security system. Shanghai Insurance Exchange and its subsidiaries Zhong Bao Ke Lian Technology Co., LTD give full play to the advantages of neutrality, authority, and independence of industrial infrastructure and build the "government guide + market operation + platform service" model. It pushed for a multi-agent win-win in urban customized private medical insurance, including government, insured people, and insurance companies.

Keywords: Insurance Exchange; Inclusive Insurance; Urban Customized Private Medical Insurance

Contents

Ⅲ Institutional Innovation Reports

B.6 Where Is the "Huimin Insurance" Model Going

  Yan Jianjun, Wan Guangsheng and Chen Nan / 092

Abstract: "Huimin Insurance" is a newly emerging economic phenomenon with various modes. Various modes showed different development trends from the beginning of July 2021 to the end of June 2022. Some modes go into decline, and some modes go into sustainability. Two modes with a high degree of universality have become mainstream. The participation rate of the government-driven mode is about 45 percentage points higher than that of the health-insurance department-driven mode. The new system of "government promotion, private insurance undertaking, and public welfare operation" stands out. It has deeply integrated the market, administrative, and public welfare mechanisms and is a central institutional innovation to promote common prosperity.

Keywords: Inclusive Supplementary Medical Insurance; Medical Security System; Common Prosperity

B.7 Operation Case of Inclusive Supplementary Medical Insurance

  Yan Jianjun, Shi Yufeng and Shi Minying / 105

Abstract: Taking Shaoxing, Quzhou and Zhuhai as examples, this report analyzes the typical cases of the reform of the inclusive supplementary medical insurance, including financing and insurance, reimbursement expenses, operating expenses and effectiveness. The results showed that the

217

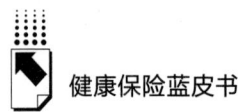

inclusive supplementary medical insurance program did not set the insurance threshold for the elderly and patients with previous diseases, unified the premium amount, coverage and treatment standard, and solved the social welfare objectives with the market-oriented mechanism, so as to achieve seamless connection with the basic medical insurance. This has established a new guarantee to prevent poverty caused by illness, and effectively alleviated the burden of high medical expenses for patients with serious diseases and severe diseases. The project did not increase government financial expenditure, and the overall operation was stable. It actively explores the transformation to "health-centered", realizes sustainable development, and makes an important step in improving the multi-level medical security system.

Keywords: Inclusive Supplementary Medical Insurance; Medical Security System; Sickness Insurance; Medical Assistance

B.8 Research on the Trend of Sustainable Development of "Humin Insurance"

Wan Xiaolong, Tang Peipei,
Xiong Diying, Liu Chang and Pan Jiaqi / 126

Abstract: Through an in-depth investigation of Huimin Insurance's development model, product design, the current status of insurance participation and claims settlement, and analysis of various considerations, hidden risks, and potential values, this report proposes to promote the sustainable development of Huimin insurance from three aspects, including financing, payment, and data sharing. First, improve the insurance coverage rate of healthy people by improving pricing, improving services, supporting the opening of employees' accounts for basic medical insurance, and enhancing consumers' awareness of risk protection. Second, scientifically delimit the guarantee's scope scientifically and innovate the payment method. Third, realize data sharing and improve operational efficiency.

Keywords: Huimin Insurance; Medical Insurance; Medical Security System

Ⅳ International References Report

B.9 Private Health Insurance Promotes the Development of Second Health Market in Germany

Shao Xiaojun, Jiang Yishi / 186

Abstract: To meet the needs of people with different characteristics, developing insurance products based on personalized health services is an important future development trend of private health insurance. The experience of the second health market in Germany shows that the health services based on individual requirements need private health insurance as the payer; the private health insurance list regulates the scope of the related health services and effective links with the basic medical insurance catalog.

Keywords: Second Health Market; Private Health Insurance; Personal Health Services; German

社会科学文献出版社

皮 书
智库成果出版与传播平台

❖ 皮书定义 ❖

皮书是对中国与世界发展状况和热点问题进行年度监测，以专业的角度、专家的视野和实证研究方法，针对某一领域或区域现状与发展态势展开分析和预测，具备前沿性、原创性、实证性、连续性、时效性等特点的公开出版物，由一系列权威研究报告组成。

❖ 皮书作者 ❖

皮书系列报告作者以国内外一流研究机构、知名高校等重点智库的研究人员为主，多为相关领域一流专家学者，他们的观点代表了当下学界对中国与世界的现实和未来最高水平的解读与分析。截至2021年底，皮书研创机构逾千家，报告作者累计超过10万人。

❖ 皮书荣誉 ❖

皮书作为中国社会科学院基础理论研究与应用对策研究融合发展的代表性成果，不仅是哲学社会科学工作者服务中国特色社会主义现代化建设的重要成果，更是助力中国特色新型智库建设、构建中国特色哲学社会科学"三大体系"的重要平台。皮书系列先后被列入"十二五""十三五""十四五"时期国家重点出版物出版专项规划项目；2013~2022年，重点皮书列入中国社会科学院国家哲学社会科学创新工程项目。

权威报告·连续出版·独家资源

皮书数据库
ANNUAL REPORT(YEARBOOK) DATABASE

分析解读当下中国发展变迁的高端智库平台

所获荣誉

- 2020年，入选全国新闻出版深度融合发展创新案例
- 2019年，入选国家新闻出版署数字出版精品遴选推荐计划
- 2016年，入选"十三五"国家重点电子出版物出版规划骨干工程
- 2013年，荣获"中国出版政府奖·网络出版物奖"提名奖
- 连续多年荣获中国数字出版博览会"数字出版·优秀品牌"奖

皮书数据库

"社科数托邦"
微信公众号

成为会员

登录网址www.pishu.com.cn访问皮书数据库网站或下载皮书数据库APP，通过手机号码验证或邮箱验证即可成为皮书数据库会员。

会员福利

- 已注册用户购书后可免费获赠100元皮书数据库充值卡。刮开充值卡涂层获取充值密码，登录并进入"会员中心"—"在线充值"—"充值卡充值"，充值成功即可购买和查看数据库内容。
- 会员福利最终解释权归社会科学文献出版社所有。

数据库服务热线：400-008-6695
数据库服务QQ：2475522410
数据库服务邮箱：database@ssap.cn
图书销售热线：010-59367070/7028
图书服务QQ：1265056568
图书服务邮箱：duzhe@ssap.cn

卡号：798166593954
密码：

S 基本子库
SUB DATABASE

中国社会发展数据库（下设 12 个专题子库）

紧扣人口、政治、外交、法律、教育、医疗卫生、资源环境等 12 个社会发展领域的前沿和热点，全面整合专业著作、智库报告、学术资讯、调研数据等类型资源，帮助用户追踪中国社会发展动态、研究社会发展战略与政策、了解社会热点问题、分析社会发展趋势。

中国经济发展数据库（下设 12 专题子库）

内容涵盖宏观经济、产业经济、工业经济、农业经济、财政金融、房地产经济、城市经济、商业贸易等 12 个重点经济领域，为把握经济运行态势、洞察经济发展规律、研判经济发展趋势、进行经济调控决策提供参考和依据。

中国行业发展数据库（下设 17 个专题子库）

以中国国民经济行业分类为依据，覆盖金融业、旅游业、交通运输业、能源矿产业、制造业等 100 多个行业，跟踪分析国民经济相关行业市场运行状况和政策导向，汇集行业发展前沿资讯，为投资、从业及各种经济决策提供理论支撑和实践指导。

中国区域发展数据库（下设 4 个专题子库）

对中国特定区域内的经济、社会、文化等领域现状与发展情况进行深度分析和预测，涉及省级行政区、城市群、城市、农村等不同维度，研究层级至县及县以下行政区，为学者研究地方经济社会宏观态势、经验模式、发展案例提供支撑，为地方政府决策提供参考。

中国文化传媒数据库（下设 18 个专题子库）

内容覆盖文化产业、新闻传播、电影娱乐、文学艺术、群众文化、图书情报等 18 个重点研究领域，聚焦文化传媒领域发展前沿、热点话题、行业实践，服务用户的教学科研、文化投资、企业规划等需要。

世界经济与国际关系数据库（下设 6 个专题子库）

整合世界经济、国际政治、世界文化与科技、全球性问题、国际组织与国际法、区域研究 6 大领域研究成果，对世界经济形势、国际形势进行连续性深度分析，对年度热点问题进行专题解读，为研判全球发展趋势提供事实和数据支持。

法律声明

"皮书系列"(含蓝皮书、绿皮书、黄皮书)之品牌由社会科学文献出版社最早使用并持续至今,现已被中国图书行业所熟知。"皮书系列"的相关商标已在国家商标管理部门商标局注册,包括但不限于LOGO( )、皮书、Pishu、经济蓝皮书、社会蓝皮书等。"皮书系列"图书的注册商标专用权及封面设计、版式设计的著作权均为社会科学文献出版社所有。未经社会科学文献出版社书面授权许可,任何使用与"皮书系列"图书注册商标、封面设计、版式设计相同或者近似的文字、图形或其组合的行为均系侵权行为。

经作者授权,本书的专有出版权及信息网络传播权等为社会科学文献出版社享有。未经社会科学文献出版社书面授权许可,任何就本书内容的复制、发行或以数字形式进行网络传播的行为均系侵权行为。

社会科学文献出版社将通过法律途径追究上述侵权行为的法律责任,维护自身合法权益。

欢迎社会各界人士对侵犯社会科学文献出版社上述权利的侵权行为进行举报。电话:010-59367121,电子邮箱:fawubu@ssap.cn。

社会科学文献出版社